잠깐! 이게 다 인권 문제라고요?

새로운 인권 감수성으로 만나는

청소년, 디지털, 기후위기, 젠더, 장애, 난민 이야기

잠깐! 이게 다 인권 문제라고요?

김도현 · 박상욱 · 박진숙 · 양지혜 · 오찬호 · 한채윤 지음

곰곰

✩ 머리말 ✩

'좋은 말'도, '좋은 일'도 아닌 인권 이야기

학창 시절, 도덕 시간에 선생님이 이런 말을 한 적이 있어요. "모든 인간은 평등하다." 그 말을 들은 순간, 마음이 불편해졌어요. 학교는 시험 성적으로 우리를 줄 세웠거든요. 공부를 잘하는 친구들에게는 교내 행사에 참여하거나 열람실을 이용할 때 더 많은 특권을 주었고, 생활지도 과정에서 규칙을 어겨도 눈감아주었어요.

체육 시간에도 성차별은 아무렇지 않게 일어났어요. '여자는 피구, 남자는 축구'라며 자유롭게 운동할 수 없었죠. 학교 폭력이 사회적으로 큰 이슈가 되었지만, CCTV를 확대 설치하는 식의 해결책만 나왔어요. 어른들은 전보다 더 당연하게 청소년을 더 많이 감시하고 사생활을 침해했어요. 우리 사회는 청소년을 보호해야 한다고 말하지만, 학교와 가정 바깥에 있는 청소년은 '보호할 존재'가 아닌 '탈선한 존재'라고 생각해요.

성인이 된 저는 불평등한 세상과 마주해요. 장애인, 트랜스젠더, 난민 등 소수자들은 우리 사회에서 '보이지 않는 존재'로, 안전을 침해하는 불청객으로 여겨지고요. 기후위기를 걱정하면 "쓸데없는 생각 말라"라는 핀잔이 돌아오죠. 2020년 코로나19 바이러스의 확산으로 경기 침체에 대한 우려의 목소리가 높아지고 있지만, 기본적인 권리조차 보장받지 못하는 배달 노동자의 노동 환경 문제에는 무관심해요.

그러던 어느 날이었어요. 내가 참고 넘겼던 사소한 불편함을 '인권 문제'라고 말해줬던 사람들을 만났어요. 내가 무심코 던진 농담이 누군가의 인권을 침해하는 혐오 표현이라고 이야기해준 사람도 있었어요. 사실 그전까지 "모든 인간은 평등하다"라는 말은 분명 좋은 말이었지만, 믿어지지 않았어요. '인간에게는 인권이 있다'고 믿는 인권 활동가를 보면, 좋은 일을 하고 있다고 생각했지만 나와는 상관없는 일이라고 느껴졌고요. 하지만 누군가 일상 속 인권 이야기를 들려준 덕분에 내 인권이 침해받기도, 내가 누군가의 인권을 침해하기도 한다는 진실을 알게 되었어요.

이처럼 우리가 인권에 대해 말하면 할수록 우리 일상의 작은 장면 장면이 변화해요. 인권을 이야기하면 불만이 많고 예민한 사람으로 받아들여지기도 하고, '그게 왜 인권 문제야?'라는 의문을 품은 시선을 맞닥뜨릴 거예요. 그런데도 인권을 이야기한다는 건 그런 편견과 시선에 굴하지 않는 겁니다. 세상이 더 나은 방향으로 변화할 것이라는 믿음을 가지는 일이죠.

이 책은 여섯 개의 장으로 구성되어 있어요. 1장 '청소년으로 읽는 인권'에서는 청소년이라면 누구나 당연히 가지는 권리에 대해 이야기해요. 2장 '디지털로 읽는 인권'은 발전하는 디지털 세상 속 사생활 침해, 인공지능 속 편견 등에 대해 질문합니다. 3장 '기후위기로 읽는 인권'에서는 기후위기로 인한 삶의 위기와 갈등을 마주하고 바꿔나가자고 제안합니다. 4장 '젠더로 읽는 인권'에서는 젠더, 성정체성, 성적 지향의 다양성을 알아보고 이를 인권의 문제로 바라볼 수 있게 도와줍니다. 5장 '장애로 읽는 인권'에서는 장애인 인권의 역사를 살펴보면서 장애인도 비장애인과 마찬가지로 차별받지 않고 살아갈 수 있는 방법을 탐구해요. 6장 '난민으로 읽는 인권'에서는 우리의 가까운 이웃이 된 난민의 삶을 들여다보고, 이들과 함께 나아가는 사회를 그려봅니다.

저를 포함해 이 책을 쓴 6명의 저자는, 인권을 고민하며 살아가는 여러분 주변의 동료 시민이에요. 인권 활동가, 사회학자, 기자, 장애학교 교사, 연구자 등으로 우리 사회의 다양한 영역에서 일하며, 인권의 관점으로 바라보고 문제를 제기하고 변화를 만들고 있어요. 우리가 들려주는 인권 이야기를 통해 여러분 또한 일상을 인권의 시선으로 바라볼 수 있기를, 인권에 대해 말하고 싶은 마음과 목소리를 높일 수 있는 용기가 돋아나기를 바라요. 언젠가 여러분이 여러분의 삶과 권리에 대해 말할 때, 우리가 든든한 동료가 되어줄게요.

2021년 5월

6명의 저자를 대신하여

양지혜

✩ 차례 ✩

머리말 '좋은 말'도, '좋은 일'도 아닌 인권 이야기 • 4

1장 청소년으로 읽는 인권 13

권리를 가지려면 '어른'이 되어야 하나요? • 15

학생인권조례는 학생들의 삶을 어떻게 바꿀까요? • 22

우리는 어떻게 스쿨미투를 외칠 수 있었을까요? • 31

학교와 가정을 떠난 청소년은 어떻게 살아나가야 할까요? • 41

2장 디지털로 읽는 인권 47

코로나19 확진자의 동선 공개는 사생활 침해일까요? • 49

인공지능은 항상 옳은 결정을 내릴까요? • 58

인터넷에 떠돌아다니는 누군가의 사진, 괜찮을까요? • 68

배달 노동자가 일하다 다치면 누구의 책임일까요? • 77

3장 기후위기로 읽는 인권 87

기후위기가 인권을 위협한다고요? • 89

기온이 1.5℃ 오르면 무슨 문제가 생길까요? • 96

기후위기 대응이 사회 갈등을 불러일으킨다고요? • 107

코로나19와 기후위기, 왜 함께 이야기해야 하나요? • 116

4장 젠더로 읽는 인권 125

남자만 군대에 가는 건 역차별 아닌가요? • 127

트랜스젠더 여성은 여자대학에 다닐 수 없나요? • 133

'나는 동성애가 싫어'라는 말은 혐오 표현일까요, 표현의 자유일까요? • 143

청소년에게도 성적자기결정권이 있지 않나요? • 150

5장 장애로 읽는 인권 157

버스를 타고 이동할 수 있는 권리가 발명된 거라고요? • 159

특수교육기관 설립을 반대하는 이들은 인권을 침해한 것인가요? • 168

왜 수어 통역과 자막이 보편화되어야 하나요? • 175

중증장애인들은 시설에서 지내는 게 안전하지 않나요? • 183

6장 난민으로 읽는 인권 191

난민이란 어떤 사람을 말하나요? • 193

난민은 제대로 보호받고 있나요? • 199

코로나 시대에 난민은 어떻게 살아가야 할까요? • 208

제주도로 입국한 난민 vs. 위협을 느끼는 한국인: 누구의 인권을 보호해야 하나요? • 214

본문의 주 • 227

이미지 출처 • 231

1장

청소년으로 읽는 인권

양지혜

인권 운동가. 청소년 페미니스트 네트워크 '위티'의 공동 대표로 활동했으며, 현재 사무처장으로 재직 중이다. 2018년 '미투 운동'을 통해 학내 성폭력 고발에 앞장서며 교육부 내 양성평등 부서 신설, 학내 성희롱·성폭력 신고센터 설치 등을 이끌어냈다. 같은 해 유엔아동권리위원회에 스쿨미투 보고서를 제출했으며, 이듬해인 2019년 위원회에 참석해 대한민국의 학내 성폭력 실태를 증언했다. 이를 계기로 위원회는 스쿨미투를 공식 의제로 채택했다. 그해 12월 미국 CNN이 선정한 '올해 변화를 이끈 아시아 청년활동가 5인'에 선정되었다.

권리를 가지려면 '어른'이 되어야 하나요?

어른이 되면 하고 싶은 일! 청소년은 할 수 없는 일?

저는 어른들에게 종종 이런 질문을 던집니다. "당신이 청소년이었을 때 어른이 되면 꼭 해보고 싶은 일이 있었나요?" 그러면 청소년 인권 문제에 관심이 없는 사람이라 하더라도 이런저런 대답을 합니다. 술, 담배, 파마, 염색, 화장, 섹스, 연애, 돈 벌기, 밤늦게까지 게임하기, 허락 없이 떠나는 여행, 외박, 자취, 독립…….

여러분은 어떤가요? 아마도 '어른이 되면'이라는 말 뒤로 미뤄 둔 일이 많지 않을까 생각합니다. 어른이 되면 하고 싶은 일이 많다는 건 그만큼 청소년 시기에는 스스로 할 수 있는 일이 적다는 뜻이겠지요. 이런 이야기를 꺼내면 어른들은 걱정과 비난 섞인 조언을 합니다.

"대학 가면 다 할 수 있어."

"청소년기는 공부할 나이지."

우리 모두는 어른들로부터 이런 말을 들으며 청소년기를 보냅니다.

그런데 청소년이 정말로 하고 싶어 하는 일은 무엇일까요? 저는 그리 거창한 것이 아니었습니다. 대학생이기보다는 글을 쓰는 사람이고 싶었고, 평일 한낮에 학교에 가지 않고 산책을 하고 싶었습니다.

하지만 청소년 시기에는 아주 사소한 바람 하나도 보호자의 동의나 지지가 없으면 이룰 수 없었습니다. 심지어 성폭력을 신고한다든지 정신과 치료를 받는다든지 하는 매우 긴급하게 필요한 일에도 보호자의 동의를 받아야 했습니다.

반면 어른들은 우리에게 그 어떤 동의도 구하지 않았죠. 어른들은 때로 귀엽다면서 우리의 동의 없이 머리를 쓰다듬거나 볼에 뽀뽀를 하기도 합니다. 어른들은 크게는 대통령 선거부터 작게는 학교운영위원회나 가족회의까지 크고 작은 삶의 공간과 일상에서 우리의 의견을 묻지 않았습니다.

저는 청소년의 삶의 중요한 부분을 결정하는 일에 당사자의 뜻이 아닌 '어른의 의사'가 더 중요하게 여겨지는 환경이 못마땅했습니다. 그래서 이런 질문을 이어갔습니다. 청소년은 왜 제힘으로 어떤 일을 할 수 없을까요? 무슨 일을 하건 일일이 어른들의 허락을 받아야 하는 상황은 나에게 어떤 영향을 줄까요? 누군가의 마음에 들기 위해 나 자신을 포기하면서 청소년기를 보내고 있지는 않나요? 내가 자유롭고 존엄한 한 사람이 아니라 가정과 학교의 부속물로만 여겨지는 시기는 아닌가요?

청소년을 보호하지 못하는 '청소년보호법'

'청소년보호법'에 따르면 우리 사회와 가정, 어른 들은 청소년을 "유해한 환경으로부터" 보호하고 옳은 길로 이끌어줄 의무가 있습니다. 하지만 이 법이 제정되어 있다고 해서 우리 사회에서 과연 청소년이 안전할까요? 놀랍게도 청소년을 보호하겠다며 제정되고 시행되는 많은 법 제도가 오히려 청소년이 사회적으로 더욱 취약한 위치에 놓이게 만듭니다.

한 가지 예로, 청소년의 성(性)을 이야기해볼까요? 우리 사회에서 성은 흔히 '19금'이라는 말로 통용됩니다. 콘돔은 '성인용품'이 아닌 의료용품이고 일반형 콘돔은 나이에 상관없이 누구나 구입할 수 있습니다. 청소년의 성관계 또한 불법이 아닙니다. 그렇지만 청소년의 성을 보호하고 통제하려는 시선에 갇힌 우리 사회는 콘돔을 '성인용품'으로 여겨왔고, 편의점에서 청소년에게 콘돔을 판매하지 않는 일도 잦습니다.

따라서 청소년은 더 안전한 방식으로 성관계를 맺고 피임하는 일에 어려움을 느낍니다. 더욱이 이성 교제를 금지하는 학칙, 청소년 혼숙을 금지하는 청소년보호법 조항, 청소년의 성적 권리를 보장하지 않는 정책 등은 청소년이 성에 대해 적절한 정보를 습득할 수 없게 만듭니다.

청소년이 성적 경험을 해서는 안 된다고 믿는 사회에서 청소년은 자신이 경험한 성폭력과 성 착취를 주변에 알리기 어렵습니다. 그러므로 'n번방' 사건 등 청소년 대상 성 착취 사건의 주요한 원인은 청소년의 미성숙함이 아니라 청소년의 성적 경험을 불법적이고 위험한 것으로 바라보는 환경입니다.

그간 우리 사회는 청소년이 경험하는 위험과 폭력 문제를, 청소년의 행동반경을 통제하고 보호자의 감시를 강화하는 방식으로 해결하려 했습니다. 청소년의 인터넷 중독이 사회적 논란이 되니 청소년이 새벽에 게임을 할 수 없게 한 셧다운제★가 대표적 예

★ 청소년보호법 제2조에 의거해, 유해 매체로부터 청소년을 보호하기 위한 정부 시책의 하나로 만들어진 제도다. 만 16세 미만 청소년에게 한국 표준시를 기준으로 하여, 자정부터 오전 6시까지 인터넷게임의 일부 접속을 셧다운하는 기술적 조치다.

시죠. 청소년이 인터넷이나 게임 이외의 다른 여가를 충분히 누릴 수 있는 환경을 만들어주지 않으면서 대뜸 통제부터 하고 보는 겁니다.

이렇게 하나하나 권리와 정보를 차단하다 보면 청소년에게 남는 것은 제도 바깥의 삶과 더욱 열악하고 불법적인 현실입니다. 물론 게임을 하고 섹스를 하는 청소년은 어른들의 마음에 썩 들지 않을 겁니다. 하지만 어른들의 마음에 들지 않으면 무조건 통제의 대상이 되어야 하나요? 그건 좀 억울한데요.

'권리'에는 '책임'이 따른다?

많은 어른이 말합니다. 권리에는 책임이 따르고, 청소년기는 아직 그 책임을 지기에 충분한 나이가 아니니 어른의 보호가 필요하다고요. 그럼, 스무 살이 넘으면 모든 일에 책임질 수 있는 '어른'이 되는 걸까요?

'어른이 되면 하고 싶은 일'들 대부분은 어른이 되어도 완벽히 해내기 어려운 일입니다. 스무 살이 넘어도 여성은 술을 마시거나 밤늦게 거리를 걷는 것에 두려움을 느낍니다. 어른인 장애인은 제도적으로 투표권을 보장받지만 문턱이 있는 기표소와 비장애인 중심의 선거 공보물은 장애인이 정치에 참여하는 것을 어렵게 만듭니다.

사실 자신의 인생을 혼자 온전히 책임진다는 것은 나이를 떠나 그 누구도 할 수 없는 일입니다. 인간은 다른 이의 어깨에 기대기도 하고 때로는 자신의 어깨를 내어주며 살아가니까요. 권리는 충분히 성숙하고 책임지는 '어른'이 될 때가 아니라 지금 당장 누구에게나 주어져야 합니다. 권리가 없을 때 우리는 타인이 나의 삶을 침해하는 것에 익숙해지고 다양한 형태의 폭력을 견뎌야만 살아남을 수 있게 됩니다. 청소년 인권은 누군가의 과거에 대한 논의가 아니라 차별과 폭력을 정당화해온 '어른'이라는 말에 저항하는 오늘의 도전입니다.

그간 인권 운동은 남성, 비성소수자, 비장애인, 비청소년만이 '어른'일 수 있다는 상식에 도전해왔습니다. 여성 참정권이 없던 시절, 사회는 투표권은 남성이 행사하고 있으니 여성에게는 주어질 필요가 없다고 생각했습니다. 그 시대에는 남성만이 '어른'으로 여겨졌던 것이지요. 마찬가지로 요즘 세상에서는 어른의 뜻대로 청소년의 삶을 결정할 수 있다는 생각이 만연합니다.

청소년 인권 운동은 나이를 포함해 그 무엇도 한 사람의 성숙함을 평가하는 기준이 될 수 없다는 믿음을 기반으로 합니다. 우리는 청소년이 비청소년만큼 충분히 '성숙'하기 때문이 아니라 사회 구성원이기 때문에 존중받기를 원합니다. 우리는 청소년도 '어른처럼' 행동할 수 있다고 말하는 게 아닙니다. '어른만이' 행동을 취할 수 있게 만들어진 사회라면 그 구조를 바꿔야 한다고 말하는 겁니다.

상상해보세요. 어른이 원하는 삶을 살지 않더라도 '문제아' 취급을 받지 않는 세상, '좋은 대학 입학'이 아니라 각자 고유한 목표를 가지고 살아갈 수 있는 세상을요. 나이가 어리다는 이유로 무시당하지 않고 미성숙하다는 이유로 배제되지 않는 세상을요. 어른의 선의에 기대지 않아도 폭력으로부터 안전한 세상을요. 보호자 동의 없이 자신의 삶을 선택할 수 있고 그 선택의 위험부담을 혼자 책임지지 않아도 되는 세상을요. 청소년 인권 운동은 이 상상을 현실로 만들 것입니다.

학생인권조례는 학생들의 삶을 어떻게 바꿀까요?

'학생 인권'을 이야기하는 이유

학생 시절을 그리워하며 '돌아가고 싶은 유년 시절'이라 말하는 어른이 적지 않지만, 예나 지금이나 학교에는 학생이라는 이유만으로 겪어야 하는 크고 작은 인권 침해와 부조리가 가득합니다. 만약 지금의 어른들이 다시 학교에 가게 된다면 그런 부조리를 그저 견디기만 할 수 있을까요?

학생 인권 운동은 학생들이 경험하는 차별과 폭력이 참고 지나갈 사소한 문제가 아니라 인권의 문제임을 이야기합니다. 이를테면 교복 위에 외투를 입지 못하게 하거나 연애를 금지하는 불합리한 교칙, 교사의 자의적 판단으로 이루어지는 생활지도, 수업에 방해가 된다며 학생의 소지품을 압수하거나 교육적 목적이라며 학생을 체벌하는 행위, 강제 보충 학습과 야간 자율 학습, 우등생에게만 선별적으로 열람실을 제공하는 학교 운영 방침, 이러한 운영 방침에 학생들이 개입할 수 없는 현실 같은 것들이지요. 학교를 벗어나면 두말없이 인권 침해로 인정되는 것들이 학교 안에서는 당연한 일로 여겨집니다.

학생 인권은 이 '당연함'이 무엇을 전제로 하는지 묻습니다. 앞서 말했듯 어른들은 청소년을 쉽게 통제하고 억압할 수 있는 대상으로 여깁니다. 그래서 교사가 가하는 체벌은 교육적 행위로 정당화되고 불합리한 단속과 억압도 생활지도라는 명칭하에 허용됩니다.

우리 사회는 열심히 공부해 좋은 대학에 가는 것을 학생의 본분으로 여깁니다. 학교는 입시에 도움이 되지 않는 것은 쓸모없는 것이라며 탄압합니다. 입시 제도 바깥에서 학생들이 자신의 개성을 실현하고 원하는 방식으로 시간을 사용하고 정치 및 사회에 참여하는 것을 못마땅하게 봅니다. 성적에 따라 학생들을 줄 세우고 차별하는 학교 문화는 성별, 외모, 장애 여부, 경제적 여건 등으로 학생들을 구분 짓고 더 많은 차별과 폭력을 정당화합니다.

학생 인권은 이러한 '당연함'에 도전합니다. 주어진 '학생다움'을 거부하고 '나답게 살 권리'를 요구합니다. 교사와 학생이 상하 관계가 아니라 함께 배움을 만드는 동료 관계여야 한다고 말합니다. 학생의 삶과 연결된 결정은 학생 스스로 할 수 있도록 학생 자치와 참정권을 강화해야 한다고 생각합니다. 학생 간의 차이가 차별이 되지 않도록 학생이 성별, 성별 정체성, 성적 지향, 인종, 학력, 성적 등 무엇을 이유로도 차별받지 않는 법이 필요하다고 주장합니다.

어떤 사람들은 학생의 인권을 보장하면 교사의 권리가 추락하고 생활지도에 어려움이 있을 거라고 말합니다. 그러나 폭력을 휘두르지 않아 학교가 망한다면 그 학교는 이미 교육적 의미를 상실한 게 아닐까요? 학생의 권리와 교사의 권리는 서로의 몫을 빼앗는 제로섬 게임처럼 상충하는 것이 아닙니다. 교사에게 존재하는 권리는 학생을 폭력적으로 억누를 권리가 아니라, 폭력으로부터 보호받고 안전한 환경에서 노동할 권리입니다. 그러므로 학생 인권을 보장하고 학교 내부에 존재하는 폭력과 차별의 구조를 성찰한다면 그 자체가 교사에게도 평등하고 안전한 학교를 만드는 일입니다.

그동안 학교는 학생을 억압하고 통제하는 생활지도를 통해, 또 학교장이 대부분의 운영을 결정하는 비민주적이고 폐쇄적인 의사결정 구조를 통해 학교의 질서를 유지해왔습니다. '학생 인권'은 이러한 체계를 전면적으로 바꾸고 모든 공동체의 구성원이 합의할 수 있는, 평등과 존중에 기초한 새로운 약속을 만들자는 제안입니다. 이는 앞으로 설명할 학생인권조례에 잘 담겨 있습니다.

학생인권조례의 내용과 '학생인권법' 법제화

학교에는 수많은 학생이 있습니다. 저마다 다른 성격과 취향, 욕구 등을 가지고 살아가지요. 하지만 학교는 주어진 틀에 학생들을 가두려 합니다. 모두가 같은 교복을 입고, 비슷한 길이와 모양의 머리를 하고, 수업 시간 내내 그 어떤 질문도 꺼내지 못한 채 칠판만 바라보는 풍경이 이상하게 느껴지지 않나요?

학생인권조례는 그런 학교 풍경을 바꾸고 싶은 마음을 담은 것입니다. 다양한 성격과 취향을 지닌 학생들 모두가 제각기 존중받으며 학교생활을 할 수 있도록 권리를 보장하자는 제안입니다. 학생인권조례에 담긴 주요 내용을 소개합니다.

첫 번째, 학생인권조례는 신체의 자유, 모든 물리적·언어적 폭력으로부터 자유로울 권리를 보장합니다. 학교에서는 '사랑의 매'라는 이름으로 학생에 대한 물리적 폭력을 정당화했습니다. 꼭 매를 들지 않는다 하더라도 욕설이나 비난 등 학생에게 모멸감을 주는 말이 생활지도 차원에서 허용되곤 했지요. 학생인권조례는 학생에 대한 폭력을 금지하고, 학교장이나 교육감이 폭력을 방지하고 학생을 보호해야 한다는 의무를 명시하고 있습니다.

두 번째, 표현의 자유와 개성을 실현할 권리를 보장합니다. 많은 청소년이 방학 동안 염색이나 파마를 하고 지내다가 개학이 되면 다시 머리를 규정에 맞춰 바꿉니다. '학생이 학생다워야지!'라고 말하는 사회의 편견은 표현의 자유를 가로막습니다. 학생인권조례도 표현의 자유와 개성을 실현할 권리를 보장한다면서도 두발의 길이만 자율화하는 등 권리 보장은 다소 제한적입니다. 그럼에도 학생인권조례는 '학생다움'만을 강요받던 학교에서 벗어나 '나다움'과 '개성'이 조금 더 존중받는 학교를 만들고자 했습니다.

세 번째로, 학생의 쉴 권리를 보장합니다. 조례에는 '학생에게 임의적인 교내외 행사 참석을 강요해서는 아니 된다'라는 조항이 명시되어 있고, 이에 따라 자율 보충 학습에 대한 강요가 금지됩니다. 과중한 학습 부담에서 벗어나 적절한 휴식을 누릴 권리 역시 기재되어 있습니다.

네 번째로, 사생활의 자유를 보장합니다. 학생인권조례는 학생이 개인 물품을 직접 소지·관리할 자유를 명시합니다. 즉 학생의 동의 없이 소지품 검사를 해서는 안 된다는 것입니다. 긴급한 필요나 정당한 사유에 의거해 규제 및 검사를 할 수 있다는 조항은 있으나 학생의 개인 정보나 사생활이 보장되어야 한다는 사회적 합의를 이루어냈다는 면에서 이는 매우 소중한 결실입니다.

다섯 번째로, 차별받지 않을 권리를 보장합니다. 학생인권조례는 성별, 종교, 나이, 사회적 신분, 출신 지역·국가·민족, 임신, 출산을 비롯해 그 무엇에 의해서도 차별받지 않을 권리를 보장합니다. 그 외에도 학생인권조례에는 양심·종교의 자유, 언론·표현·집회의 자유, 학교 규정의 제·개정과 정책 결정에 참여할 권리 등 폭넓은 권리를 밝혀놓고 있습니다.

학생인권조례 제정 이후 많은 사람이 "학교가 좋아졌다"라고 이야기합니다. 물론 일부 나아진 지점이 있지만 학생인권조례가 제정된 지역에서도 학생의 권리가 침해되는 일은 빈번합니다. 제주와 경남 등 아직 학생인권조례가 제정되지 않은 지역에서는 학생들이 직접 학생인권조례 제정을 요구하고 있으나 '교권을 침해하고 학교 현장을 무너뜨릴 것이다', '동성애를 배우고 성관계를 조장할 것이다' 등 지역사회의 거센 반발에 부딪히고 있습니다. 학생인권이 우리 사회에서는 여전히 상식이 되지 못했음을 잘 보여줍니다.

저는 중학생일 때 학교에서 학생인권조례가 적용되는 과정을 경험했습니다. 학생들은 자치 회의를 통해 학생인권조례에 관한 사실을 처음 알게 되었습니다. 그래서 학생인권조례가 왜 제정되는지, 그간 접한 학교의 일상적 풍경이 왜 '인권 침해'가 되는지 깊이 생각해볼 시간은 갖지 못했습니다. 그저 "두발을 어느 정도로

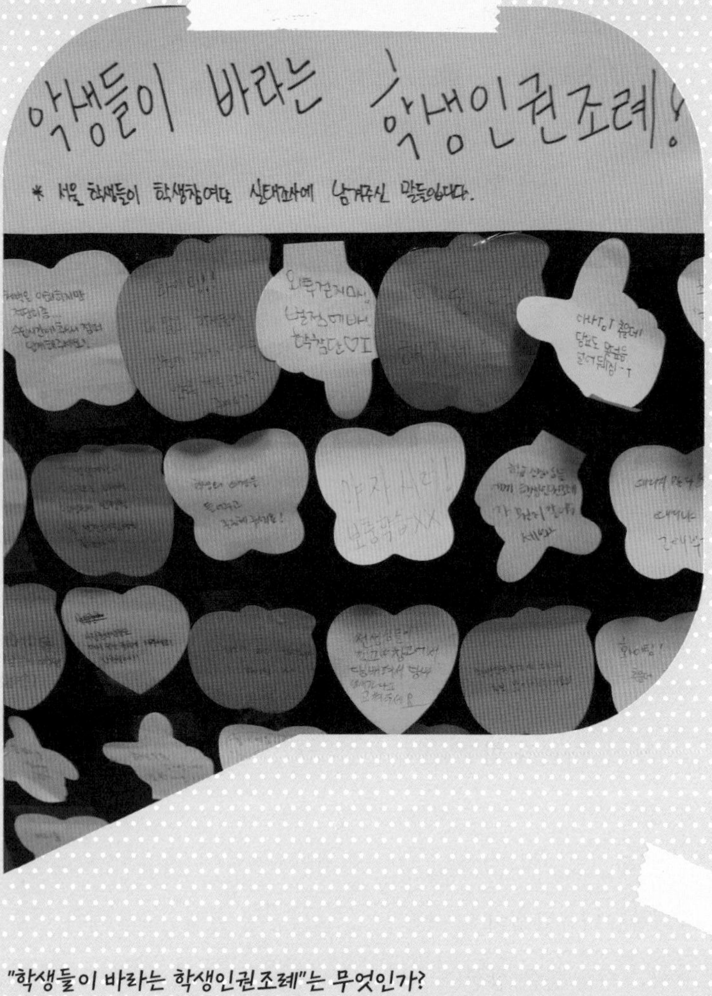

"학생들이 바라는 학생인권조례"는 무엇인가?

2013년 서울특별시 학생인권조례 1주년을 기념한 기념식에 참가한 학생들이 자신들의 바람을 포스트잇에 담았다. "학생의 의견을 들어주고 존중해주세요!"라는 내용도 보인다.

규제할 것이냐" 등 학생인권조례에 따라 인권 침해 요소를 얼마나 줄일 것인가 하는 이야기만 오갔습니다.

이 회의에서 학생들은 당사자이면서도 자기 의견을 내는 데 선생님 눈치를 보며 쭈뼛거렸고, 두발을 완전히 자유화해야 한다는 소수의 의견은 묻혔습니다. 결국 학생들의 의견은 참고 사항 정도로 전달되었고, 학생들은 학교의 교칙이 어떻게 변경되었는지 그 과정과 결과를 전달받을 수 없었습니다.

저만의 경험은 아닐 거라고 생각합니다. 많은 학교에서 학생인권조례가 제정된 이후에도 학생들은 자신의 권리를 직접 말할 수 없었고 언제나 교사를 통해 허락을 구해야만 하는 존재로 남았습니다.

학생인권조례는 학생이 일상적으로 폭력과 차별을 경험하는 학교의 현실에 문제를 제기하면서 제정되었습니다. 이는 단순한 권리 나열이 아니라 학생이 문제 제기를 할 수 없게 만드는 교사와 학생 간의 비대칭적 구조에 대해 문제를 제기한 것이었지요. 동시에 성별, 장애 여부, 사회적 신분 등 학생들 사이의 차이를 주의 깊게 살펴 모든 학생이 평등하게 존중받을 수 있는 학교를 만들고자 하는 고민을 담은 상상력이었습니다.

그렇기에 학생인권조례의 취지를 잘 살리려면 모든 사람이 학생 인권에 대해 활발히 논의할 수 있는 평등한 대화의 장이 필요합니다. 나아가 학생 인권을 전국적으로 확산하고 이행할 의무를 강화하기 위해 '학생인권법'을 법률로 제정하는 것 역시 중요한 과제입니다.

우리는 어떻게 스쿨미투를 외칠 수 있었을까요?

#MeToo #WithYou #WeCanDoAnything

스쿨미투는 수많은 여성의 '말하기'에 용기를 얻어 시작한 학내 성폭력 고발 운동입니다. 학내 성폭력은 예외적 공간에서 이루어진 게 아닙니다. 일상적 공간에서 이루어졌습니다.

교사가 수업 시간에 공공연하게 학생들의 외모를 품평하거나 성차별적 발언을 한 것이 고발되었습니다. 생활지도를 명목으로 속옷 끈을 더듬거나 지도 봉으로 신체 부위를 찌르는 등의 성추행도 다수 제기되었습니다. 남학생들의 단체 채팅방에서 자행된 성희롱과 여교사가 경험한 성폭력 역시 공론화되었습니다.

2018년 한 해에만 100개가 넘는 학교에서 학내 성폭력 고발이 이루어졌습니다. 스쿨미투가 고발한 것은 '일부 교사의 비상식적

만행'이 아니라, 성폭력이 상식이 되어버린 학교 현장이었습니다.

스쿨미투는 교육 현장 전체를 휩쓴 커다란 미투인 동시에 '작은 미투'였습니다. 스쿨미투의 상징 중 하나인 '포스트잇'은 학내 성폭력 고발의 특징을 잘 보여줍니다. 스쿨미투 고발이 있던 한 학교에는 창문에 포스트잇으로 'ME TOO, WITH YOU, WE CAN DO ANYTHING'이라는 문구가 붙었습니다. 이름을 드러내기 어려운 학생들이 함께 포스트잇을 엮어 붙이며 연대의 의사를 표명한 겁니다.

스쿨미투 고발자들은 유명인도, 사회적 지위가 있는 인사도 아니었습니다. 교사의 지시를 따르지 않으면 퇴학을 당할 수도 있는 학교에서, 학생들은 자신의 모든 것을 걸고 학내 성폭력을 고발했습니다.

스쿨미투는 온라인상 익명 계정으로 학내 성폭력을 제보받고, 본인 학교의 '해시태그 총공'★을 진행하고, 다른 학교의 학내 성폭력 고발 해시태그를 리트윗하는 방식으로 진행되었습니다. 이미

★ 해시태그는 SNS에서 사용되는 메타데이터 태그로, 해시 기호(#) 뒤에 특정 단어를 붙여 사용하면 SNS상에서 해당 내용이 담긴 글이나 사진을 쉽게 찾을 수 있다. '총공'은 총공격을 줄여 쓴 말이다. 해시태그 총공은 개개인이 특정 시간대에 특정 문구를 올려 SNS상에 해당 해시태그가 노출될 수 있도록 총력전을 벌인다는 의미다.

학교를 졸업한 이들도 이후의 학생들은 이런 일을 겪지 않았으면 하는 마음으로, 또 폐쇄적이고 폭력적인 학교의 구조를 바꾸고 싶다는 마음으로 학내 성폭력 고발에 동참했습니다.

전국 각지의 학교에서 터져 나온 학내 성폭력 고발은 실시간 검색어를 도배했습니다. 트위터가 집계한 바에 따르면 '스쿨미투'는 2018년 대한민국 사회에서 가장 많이 리트윗된 사회 분야 해시태그였습니다.

2018년 11월 3일, 최초의 전국 규모 스쿨미투 집회 '여학생을 위한 학교는 없다'가 개최되었습니다. 학생들은 '피해자'로 남아 있지 않았습니다. 적극적으로 교육 현장의 현실을 고발하며 변화를 요구했습니다. 용기를 내서 거리로 나오는 청소년들이 늘어났습니다. 전국에서 각 지역의 학내 성폭력을 고발하는 스쿨미투 집회가 열렸습니다.

학내 성폭력 고발은 학교 담장을 넘어 세계로 뻗어갔습니다. 스쿨미투 집회를 준비한 고발자와 활동가 들은 유엔아동권리위원회에 스쿨미투 운동을 알리는 보고서를 보냈습니다. 위원회가 대한민국 정부에 대한 심의와 권고를 예정하고 있던 상황이었지요. 보고서를 읽은 위원들은 스쿨미투 운동을 하는 청소년과 활동가 들을 제네바로 초대했습니다.

2019년 2월, 청소년 당사자와 활동가 들은 유엔아동권리위원회가 연 미팅과 사전 심의에 참여해 스쿨미투 운동에 대해 진술했습니다. 그리고 2019년 10월, 유엔은 스쿨미투 고발자를 지지하는 권고안을 대한민국 정부에 보냈습니다. 교실 내부에서 시작된 우리의 이야기는 어느새 세계적 지지를 받는 운동으로 성장했습니다.

교육 현장의 문제를 지적한 스쿨미투 운동

스쿨미투 운동은 '가해 교사를 처벌하라'라는 요구에 머물지 않았습니다. 우선 우리는 긴 시간 성폭력을 은폐해온 대한민국 교육 현장의 문제를 지적했습니다. 우리는 그동안 은폐되었던 학생들의 목소리를 듣는 데서 변화가 시작된다고 생각했습니다. 그렇기에 전국적이고 정기적인 학내 성폭력 실태 조사가 필요하다고 판단했습니다. 이에 따라 대한민국 정부에 지속적 모니터링을 통해 학교 현장의 성 관련 사안의 실태를 파악하고, 장기적 관점의 학내 성평등 정책을 이행할 것을 요구했습니다.

두 번째로 우리는, 학내 성폭력 사안의 처리 절차 과정에서 피해자 및 학생의 의사를 반영하며 피해자를 보호하는 조치에 힘쓸 것을 요구했습니다. 스쿨미투 고발 대부분은 익명 혹은 집단적 고발의 형태로 이루어집니다. 또한 학내 성폭력 사안을 처리하는 성

고충심의위원회, 학교폭력위원회에는 학생 위원이 참여할 수 없습니다. 그래서 스쿨미투 고발자들은 자신이 고발한 사안이 어떻게 해결되었는지 알 수 없고 피해 회복을 위한 조치를 요구할 수도 없는 상황이 많습니다. 이런 환경에서 벗어나려면 정부 차원에서 학내 성폭력 사안 처리 절차 및 과정의 투명성과 피해자의 참여권을 보장해주어야 한다고 판단했습니다.

세 번째로, 학내 구성원 모두에게 정기적이고 실질적인 페미니즘 교육을 시행할 것을 요구했습니다. 2015년 대한민국 정부가 발표한 성교육 표준안은 '여자는 무드에 약하고 남자는 누드에 약하다' 등 성폭력 문화를 정당화하는 내용을 담고 있습니다. 또한 교사 양성 및 임용, 연수 과정에서도 제대로 된 성평등 교육이 이루어지지 않고 있습니다. 이제는 입시 중심의 교육에서 벗어나 인권의 가치를 보다 폭넓고 실질적인 견지에서 다루며 학교 내부의 다양한 권력관계에 대해 성찰할 수 있는 페미니즘 교육이 필요합니다.

네 번째로, 우리는 민주적이고 수평적인 학교 운영을 위해 학생인권법과 차별금지법이 제정되어야 한다고 주장했습니다. 스쿨미투는 성폭력 문제를 해결하지 못하는 학교 시스템에 대한 고발이기도 합니다. 학교에 학내 성폭력을 처리하는 다양한 기구가 있음에도 학생들은 SNS에서 익명으로 학내 성폭력을 공론화해야 했습니다. 왜일까요? 학교에서 이 문제를 해결할 수 있다는 믿음을 가질 수 없었기 때문입니다.

만약 학생인권법이 제정된다면 거기에는 폭력으로부터 보호받을 권리, 차별 없이 교육받을 권리, 학내 성폭력 사안 처리 과정을 비롯한 학교 운영 과정에 참여할 권리, 성폭력과 관련해 전문적 상담을 제공받을 권리를 포함할 수 있습니다.

또 차별금지법은 성별, 연령, 장애, 국적 등으로 인해 발생하는 차별을 금지하는 법입니다. 곧 우리 사회의 모든 구성원이 차별을 당하지 않도록 하는 것을 의무화하는 법이지요. 그간 성폭력과 성차별에 대해 문제 제기를 할 경우 이는 그 문제를 경험한 당사자의 몫이었습니다. 차별금지법이 제정된다면 교육 현장에서 발생하는 차별에 대해 문제 제기를 할 수 있는 법적 근거가 마련되는 것입니다.

스쿨미투 이후, 우리가 만들어나가야 할 변화

스쿨미투 이후, 학교는 바뀌었을까요? 학생들의 목소리가 학교 안팎으로 뻗어나가자 대다수 학교에서는 공론화를 막고자, 또 고발자가 누구인지 색출하고자 시도했습니다. 게다가 스쿨미투 고발로 지목된 가해 교사 대부분이 제대로 된 징계나 처벌을 받지 않았습니다. 고발자는 진실을 밝힐 권리, 정의를 실현할 권리, 그동안의 피해에 대한 보상과 배상을 받을 권리, 2차 피해로부터 보호받을 권리 등 피해자로서의 권리를 보장받지 못했습니다.

스쿨미투 고발은 사법기관에서도 마땅한 구제를 받지 못했습니다. 사회적 자원이 부족한 고발자들이 대형 로펌 변호사를 대동하는 가해 교사와 맞서기란 아무래도 역부족이었습니다. 사법기관에서는 법적 의무 사항이 아님에도 보호자 동석을 요구하며 청소년이 독립적으로 증언할 권리를 빈번히 침해했습니다. 심지어 정보를 제대로 전달하지 않아 고발자의 진술권이 박탈되었고, 또 청소년이라는 이유로 사건 처리 과정에 대한 정보를 본인이 아니라 보호자에게 전달하는 경우도 허다했습니다.

고발자들은 청소년을 '스스로 문제를 해결할 수 없는 존재'로 바라보는 우리 사회의 편견 속에서 무력감을 경험했습니다. 자신의 의사와 무관하게 사안이 처리되는 모습을 봐야 했고, 사안 처리 과정 및 결과에 대한 정보도 제대로 전달받지 못했습니다. 청소년 성폭력 피해자가 변화를 말하는 주체이기보다는 '미성숙한 존재, 어른의 도움을 받아야 하는 존재'로만 여겨졌기 때문입니다.

대한민국 정부는 스쿨미투 이후, 온라인 신고센터 개설, 상담교사 증원 등 대책을 발표했습니다. 그 결과 교육부와 몇몇 시·도

2018년 11월 3일 '학생의 날'을 맞아 스쿨미투 참가자들이
서울 중구 파이낸스센터 앞에서 첫 도심 집회
'여학생을 위한 학교는 없다'를 열고, 교육당국에
중·고등학교에서 벌어진 성희롱, 성폭력 사건의
전수조사와 가해자 처벌 강화 등을 촉구했다.
사진은 집회 참가자들이 학교 성폭력 사례를 적은 칠판에
빨간색 페인트로 X표시를 하며 항의하는 모습이다.

교육청에서 성평등 관련 부처를 신설했고, 온라인 신고센터를 운영했습니다. 하지만 대한민국 정부의 대책은 '사안 처리'를 위한 형식적 절차를 마련하는 데 그쳤으며, 학교 문화와 권력 구조를 바꾸려는 구체적인 시도로 이어지지는 못했습니다.

학내 성폭력은 학교의 일상적 차별과 연결되어 있습니다. 따라서 일상적 혐오 발언을 제재할 수 있는 가이드라인, 교과과정 내의 성차별 사항 모니터링 같은 학내 성평등 문화 조성을 위한 방안을 마련해야 합니다.

스쿨미투 고발은 여학생 등 소수자가 학내 성폭력 문화에 대해 가장 적극적으로 문제 제기를 할 수 있는 주체임을 보여줬습니다. 그러므로 정부의 스쿨미투 대책 또한 이 소수자들이 적극적으로 목소리를 내고 참여할 수 있는 환경을 먼저 조성하면서 강구되어야 할 것입니다.

나아가 학교는 스쿨미투의 피해 사실을 은폐하거나 축소하는 데 급급하지 말고 이를 학교 공동체의 성폭력 문화를 성찰하는 계기로 삼아야 합니다.

스쿨미투 이후 우리가 만들어야 할 변화는 여성과 학생 등 그간 발화 권력이 없었던 소수자의 목소리에서 시작될 것입니다. 문제 제기가 어려울 수밖에 없었던 학교 내 다양한 권력 구조를 성찰하고, 소수자의 목소리가 잘 들릴 수 있도록 학내 공론장을 만들어야 합니다. 개별 교사에 대한 징계를 넘어 학교에 만연한 성폭력 문화를 돌아볼 수 있도록 모든 구성원을 대상으로 한 페미니즘 교육이 필요합니다. 스쿨미투 이후 학교의 변화를 만들기 위한 여정은 현재진행형입니다.

학교와 가정을 떠난 청소년은 어떻게 살아나가야 할까요?

노키즈존, '어른들'만의 공간인 공공장소

만약 사회에서 특정 인종이나 성별만 이유 없이 출입을 제한하는 규범이 있다면 어떨까요? 유대인과 독일인의 결혼 및 성관계를 금지하는 등 독일 내 유대인을 공공연히 차별한 나치의 '뉘른베르크법(Nürnberger Gesetze)'이나 공공장소에서 흑인과 백인을 분리하고 차별을 법제화한 20세기 미국 남부의 '짐크로법(Jim Crow laws)'처럼요. 분명 구시대적이고 비상식적인 법으로 여겨질 겁니다. 그런데 21세기 대한민국에 이와 비슷한 관행이 있어요. 몇 년 새 사회적으로 증가하고 있는 '노키즈존(No Kids Zone)'이 그것입니다.

노키즈존은 아동이나 청소년 등 나이가 어린 사람은 출입을 금지한 공간을 의미합니다. 노키즈존을 지지하는 사람들은 아동이나 청소년은 사고가 날 위험이 많고 시끄러워 다른 손님에게 방해가 된다고 이야기합니다. 그런데 공공시설이나 매장 등은 다양한 시민이 함께 이용하는 공간 아닌가요? 우리가 서로 다른 배경을 가지고 있는 만큼, 문제 상황을 겪을 가능성도 다양할 수밖에 없지요. 문제가 생길 수 있다는 가능성만으로 특정 집단의 출입을 금지한다면 그 또한 일종의 '차별'입니다.

반대로, 어떤 공간을 별다른 어려움 없이 사용할 수 있다면 그것은 '특권'입니다. 그 공간이 '나'의 관점과 필요에 맞춰져 있으며 '내가' 직접 선택했고 경험을 통해 익숙해진 공간이라는 뜻이니까요. 아동이나 장애인 등 소수자는 많은 공간에서 자신의 관점과 필요, 선택권을 존중받지 못합니다. 그렇기에 더 많은 공간에서 낯선 경험, 환대받지 못하는 경험을 합니다.

2017년 국가인권위원회는 식당에서 아동이나 아동을 동반한 손님의 출입을 금지하는 것은 아동을 차별하는 행위로 판단했습니다. "'아동이 차별받지 않을 권리'가 '사업주들이 누리는 영업의 자유'보다 우선한다"라는 것이었지요. 여기서 차별받지 않을 권리는 단순히 '공간에 출입할 권리'만을 의미하지 않습니다. 공공장소가 어른뿐 아니라 아동과 청소년을 위한 공간이기도 하다는 것을 기억하는 일입니다.

한번 떠올려볼까요? 우리가 알고 있는 많은 공간은 아동의 관점보다는 어른의 관점과 필요를 중요시하죠. 공간의 세면대나 의자 등이 너무 높지는 않은지, 안내 문구가 아동이나 청소년이 이해하기에 어려운 말은 아닌지, 아동이나 청소년이 쉬거나 놀 수 있는 별도의 공간이 제공되어 있는지……. 이 점을 기준으로 살펴보면 아동과 함께할 수 있는 공간이 생각보다 적습니다. 이제는 더 많은 공공장소에서 아동의 필요와 관점을 반영하는 상상력이 필요합니다.

아동의 필요가 중요시되지 않는 것은 아동을 '사회적 존재'로 존중하지 않는 문화 때문입니다. 그동안 우리는 아동이나 청소년의 삶의 권리를 보장하는 것은 오롯이 학교나 가정의 몫이라고 생각해왔습니다. 하지만 이제는 아동과 청소년을 돌볼 책임을 부모나 친권자에게만 돌리지 말고 사회가 함께 고민해봐야 하지 않을까요? 그리하여 그간 어른들이 독점해왔던 공간을 아동·청소년과 나눠보면 어떨까요? 단순히 공공장소만이 아니라 정치나 주거, 경제 등 사회의 다양한 영역에서 함께하자는 제안도 가능합니다. 우리 사회는 정치, 주거, 경제 등 거의 모든 영역에서 청소년이 가져 마땅한 결정권을 어른에게 위탁하고 있으니까요.

청소년에게도 '자기만의 방'이 필요하다

저는 어렸을 때, 노크도 없이 마음대로 제 방의 문을 여는 부모님과 자주 다투었습니다. 이 다툼은 주로 "너 그렇게 말 안 들을 거면 집 나가!"라는 부모님의 호통으로 끝났습니다. 제가 부모님의 경제력에 기대어 살아가고 있다는 생각에 미치면 부모님의 명령을 거부하기가 쉽지 않았죠.

부모는 자식에 대해 얼마나 많은 권한을 가질 수 있을까요? 민법에서는 이를 '친권'으로 규정하고 있습니다. 아주 최근까지도 우리 사회는 부모가 자식에게 신체적 폭력을 가할 권리를 허용해 왔습니다. 민법에 '친권자는 자녀를 보호·교양하기 위해 필요한 징계를 할 수 있다'라는 자녀징계권 조항이 명시되었죠. 이 법률 조항은 몇 건의 아동학대가 연달아 화제가 된 이후인 2021년 초에야 간신히 폐지되었습니다. 그러나 여전히 우리 사회는 청소년의 삶에서 대부분의 선택권을 친권자가 대리할 수 있도록 하고 있습니다.

이를테면 청소년은 친권자의 동의 없이 통장을 개설하거나 주거 계약을 하지 못합니다. 청소년의 재산을 관리하고 처분할 권리는 민법상 친권자에게 있기 때문입니다. 또한 민법 제914조에 따르면, 친권자는 자식이 살 곳을 지정할 권리를 갖습니다. 청소년이 집을 나가더라도 경찰을 통해 부모가 자식의 위치를 확보할 수 있는 것입니다. 아동권리보장원이 발표한 2018년 아동학대 주요 통계에 따르면, 아동학대 피해 아동 중 가정에서 가족에 의해 학대가 지속적으로 이루어진 경우가 82.0퍼센트로 가장 많습니다.[1]

이러한 상황에서 쉼터도, 집도 선택할 수 없는 청소년들은 부모로부터 자립하기 위해 거리를 떠돌게 됩니다. 강도 높은 물리적 폭력만 아동학대로 인정하는 사회에서는 청소년이 집을 나온다는 것 자체가 일종의 '탈선'으로 여겨집니다. 집을 나온 청소년은 그 자체로 불법 인간으로 취급되고, 이런 취약한 상황으로 내몰린 청소년들은 성 착취 등의 범죄에 좀 더 쉽게 노출됩니다. 지금의 법제도 내에서는 친권자가 없는 청소년이 주거, 경제, 노동 등 삶을 유지하기 위한 합법적 방법을 모색하기가 어렵기 때문입니다. 또한 기초생활수급권 등 우리 사회의 다양한 복지제도는 이른바 핵가족을 중심으로 이루어져 있어 집을 나온 청소년은 적절한 지원을 받지 못하는 경우가 많습니다. 청소년을 보호하기 위해 부모에게 강력한 친권을 부여한 것이 때로는 청소년을 더 위험한 상황으로 내몰고 있는 것이지요.

내가 누구와, 어떤 방식으로 살아갈지 선택할 수 있게 하는 것은 매우 중요한 문제입니다. 내가 내 삶을 선택할 수 있어야만 내가 선택하지 않은 폭력을 거부할 수 있습니다. 청소년이 집을 나오는 이유는 매우 다양합니다. 청소년이 학대 사실을 증명하지 않더라도, 친권자의 허락을 받지 않더라도, 누구나 자기만의 방과 자신이 원하는 생활방식을 가질 수 있어야 합니다.

나아가 '자기만의 방'을 가지는 것이 삶에 드는 모든 자원과 비용을 혼자 감당하는 일이 되도록 해서는 안 됩니다. 그 누구도 삶을 온전히 혼자 책임질 수는 없으며, 사회적 자원이 열악한 청소년은 훨씬 더 주거 불안정 상황에 놓일 우려가 높습니다. 정부 차원에서 청소년이 한 사람의 시민으로서 자립하며 살아갈 수 있도록 필요한 역량을 형성하고 돌봄을 지원해주어야 합니다. 유럽에서는 이미 탈가정 청소년을 위한 주거 우선 정책을 시행하고 있습니다.[2]

청소년에게 집을 나서는 일이 '탈선'이나 '비행'이 아니라, 하나의 선택지가 될 수 있어야 합니다. 만약 그럴 수 있다면, 청소년은 주거 공간에서 경험하는 불편과 폭력을 더 빠르게 거부할 수 있을 것이며, 어른들의 요구가 아닌 자신의 욕구에 맞춰 스스로 삶을 설계해나갈 수 있을 것입니다.

2장

디지털로 읽는 인권

오찬호

사회학자이자 작가. 일상 속 평범한 사례에서 한국 사회의 부조리를 발견하고 비판하는 글을 써오고 있다. 《우리는 차별에 찬성합니다》, 《진격의 대학교》, 《1등에게 박수치는 게 왜 놀랄 일일까?》, 《곱창 1인분도 배달되는 세상, 모두가 행복할까?》 등이 있다.

코로나19★ 확진자의 동선 공개는 사생활 침해일까요?

확진자의 동선을 알려주는 문자

'××김밥 중앙점(○○구 ○○로 ○○○번 길) 5800원 현금 결제(어묵 4, 계란 2, 튀김 2).'

코로나19 확진자 수가 연일 최고치를 기록하던 2020년 12월, ○○구에 사는 사람들은 이런 내용의 긴급재난문자를 받았습니다. '확진자 동선 안내'라면서 누군가가 분식집에서 무엇을 먹었는지까지 낱낱이 안내된 것입니다. ○○구는 확진자의 접촉자를 찾으려고 보낸 문자였다고 해명했어요.

★ 정확한 명칭은 코로나바이러스감염증-19(COVID-19)로, 직간접적 접촉으로 비말을 통해 바이러스가 전염되는 것으로 알려졌다. 이 책에서는 코로나19로 축약한다.

인간의 존엄성이라는 문제를 고민하고 연구하는 인문학자와 법을 다루는 변호사 가운데 일부는 '아무리 방역이 중요하다 해도' 이런 내용의 안내문은 부적절하다고 평가하기도 했습니다. 개인의 사생활이 너무나 상세히 공개되었기 때문이죠. 비록 이름이 공개되지는 않더라도 '내가 먹는 음식의 모든 내역'이 같은 지역의 모든 사람에게 알려진다면 분식집에서 튀김 하나 먹을 때도 신경이 쓰일 테니까요.

코로나19 발생 초기, 한국 정부는 확진자의 동선을 빠르게 그리고 철저하게 공개했어요. 그 덕분에 다른 나라에 비해 방역 성과가 좋다는 평가를 받았죠. 그런데 이때 확진자의 며칠간 행적을 그대로 밝혔어요. ○○구 ○○동에 사는 40대 남자(혹은 여자)가 오전 10시에 ○○목욕탕을 갔다, 오후 ○○시에는 ○○식당을 갔다 등등. 몇 명을 만났고 어디에서는 마스크를 착용했고 어디에서는 마스크를 벗었는지까지 공개 정보에 포함되었죠.

이런 사항의 공개에 대해 사생활 침해의 소지가 있다는 우려가 일었어요. 해외에서는 '한국처럼 동선 공개를 할 수는 없다'라면서 이른바 'K-방역'★을 비판하기도 했죠. 아무리 방역이 중요하다

★ 코로나19 확산을 막기 위한 대한민국 정부의 방역 정책과 대처를 통틀어 가리키는 용어다.

해도 개인의 사생활이 공개적으로 알려져선 안 된다고 했어요. 이런 우려에 대해 우리나라 사람들은 확진자의 이름을 공개하는 것도 아닌데 왜 사생활 침해냐고 의문을 갖기도 해요. 물론 서울 종로구의 아무개를 부산 사상구의 사람들이 알 수는 없습니다. 하지만 만약 여러분이 종로구에서 사생활 정보를 공개한 당사자라고 생각해보세요. 그리 간단히 이해하고 넘어갈 수 있는 문제가 아닐 겁니다.

동선이 공개되자 사람들의 반응이 어떠했나요? 누군가가 목욕탕을 갔다고 하면 '왜 이런 시기에 목욕탕을 가지?'라고 해요. 또 식당을 갔다면 '꼭 식당에 가서 먹었어야 해?'라고 하겠지요. 만약 한 사람이 목욕탕과 식당을 연달아 갔다고 하면 비난의 수위는 더욱더 높아지죠. "목욕탕도 가고 외식도 하고 팔자 좋네. 코로나 걸려도 싸다!" 국가 재난 상황에서 방역 지침을 전혀 지키지 않는다며 분개할 거예요.

그렇지만 사람들이 간과하는 것이 있습니다. 사회적 거리두기 지침을 지킬 수 없는 처지에 놓인 사람들도 있다는 점이지요. 쪽방촌에 사는 이들, 집에 보일러가 없어 온수를 쓸 수 없는 이들, 한데서 노동하는 현장 근로자들……. 더운 여름이나 추운 겨울 대중 목욕탕에 가야만 씻을 수 있고, 식당에 가야만 끼니를 해결할 수 있는 사람들은 방역 수칙을 지키고 싶어도 지킬 수 없습니다.

확진자 동선이 공개되고, 국가 재난 상황에서 방역 지침을 철저히 지키지 않는다며 자신들을 비난하는 사람들의 반응을 보면서 당사자들은 마음이 어땠을까요? 거주지와 성별, 나이까지 공개되었으니 혹시나 누가 알아볼까 봐 걱정이 될 거예요. 목욕탕을 가고 식당에서 밥을 먹었다는 이유로 말이죠.

사생활 정보를 공개할지 말지 결정하는 사람은 누구일까?

확진자 동선 공개는 여러 문제를 남겼어요. 확진자 아무개의 성별과 나이는 다른 사람이 알 필요가 전혀 없는 개인 정보입니다. 물론 방역 기관이 확진자의 동선을 정확히 파악하는 것은 중요하지만, 어떤 이가 종일 무엇을 했는지 다른 사람이 알 권리는 없어요. 예를 들어 ○○목욕탕과 ○○식당은 소독이 필요하고 확진자가 다녀간 시간에 함께 그 시설을 이용한 사람이 있다고 칩시다. 이용자들이 검사를 받을 수 있도록 정보를 제공하는 건 필요한 일이지요. 하지만 'A'라는 사람이 두 공간을 연달아 이용했다는 사실을 많은 사람에게 알린다고 방역이 되는 건 아닙니다.

이런 논란이 계속되자 중앙재난안전대책본부는 2020년 10월부터는 동선 공개 방식을 수정했어요. 해당 공간 내의 모든 접촉자가 파악되어 그들에게 연락이 이루어지고 나면 동선을 공개하지 않고 성별이나 연령, 국적과 읍면동 단위 이하의 거주지 정보 등 확진자의 세부 정보도 알리지 않기로 했죠.[1]

하지만 이런 변화를 도리어 답답해하는 사람들이 여전히 많아요. '사생활' 개념에 대한 이해가 협소하기 때문이에요. '사생활'이라 하면 흔히 사람들은 자기 방에 들어가 문을 꼭 닫은 채 그 누구의 간섭도 받지 않는 것을 떠올려요. 이런저런 규칙이 있는 학교와는 다르게 좀 자유롭게 행동하는 것, 이를테면 편안한 옷차림으로 지내는 것도 포함되겠죠. 물론 그 역시 중요한 사생활인 건 맞아요. 내 방 안에서 어떤 옷을 입고 어떤 행동을 했는지, 왜 그런 행동을 했는지를 다른 사람에게 전혀 알려줄 필요가 없는 개인만의 생활이죠.

그런데 사생활은 혼자만의 공간이나 가정에서만 이루어지는 게 아니에요. 사생활의 자유란 자신이 어디서 무엇을 했는지를 다른 이에게 알리지 않을 자유까지 광범위하게 포함해요. 등굣길에 길고양이에게 매일 간식을 주고 귀갓길에 핫도그를 사 먹는 것도 사생활이죠. 즉 특정 시간이나 공간에서 보내는 생활만을 가리키는 것이 아니라 스쳐 지나가는 일상 속의 여러 가지 일이나 경험을 다른 이에게 알리지 않을 자유를 갖는 것이 사생활이라는 말이 담고 있는 의미예요. 그래서 누군가의 일상을 다른 사람이 당사자

허락도 없이 사진으로 찍는다거나 여기저기에서 험담하는 소재로 이용하면 안 되는 것이죠.

왜 당사자의 허락이 중요할까요? 만약 여러분이 어디가 아픈데 이를 누구에게도 말하지 않았어요. 그러다가 아프다는 사실을 사람들이 뒤늦게 알게 되면 다들 "왜 말을 안 했어?"라고 물을 수 있지요. 그렇다고 해서 언제나 자신의 질병을 공개해야 할까요? 내가 아프다고 했을 때 과연 저들이 나를 배려해줄지 그렇지 않을지 걱정이 들 테고, 이건 인간의 당연한 마음이에요.

코로나19 확진자의 동선을 공개할 때 성별, 연령, 거주지 정보를 알리는 문제를 조심해야 하는 것도 마찬가지입니다. 자칫하면 동선이 공개된 사람이 알지도 못하는 다른 이들로부터 불쾌한 수군거림을 듣게 될 수도 있으니까요. '노인네가 가만히 집에나 있지', '저 지역 사람들이 좀 이상해' 같은 말이죠. 그렇다면 개인을 설명하는 정보의 주인은 누구일까요? 그 정보를 공개할지 말지 누가 정할까요? 그 결정권은 바로 그 '개인'에게 있어요.

'모든 국민은 사생활의 비밀과 자유를 침해받지 아니한다'

사생활의 범위를 좁혀 생각하는 건 CCTV 설치에 관한 논쟁에서도 나타나요. CCTV로 범인을 잡았다는 뉴스를 우리는 종종 접하죠. 어디에나 CCTV를 설치하는 게 당연한 듯 여겨지기도 합니다. 하지만 CCTV를 설치하는 데도 까다로운 법의 규정이 있어요.

의무적으로 CCTV를 설치해야 하는 공원이나 사격장, 어린이집 등이 아니라면 정당한 사유가 있어야만 하죠. 시설물 보호나 도난 방지를 위해 설치했다는 안내문도 반드시 달아 찍히는 사람이 그 사실을 알게끔 해야 해요. 다시 말해 'CCTV 촬영 중'이라는 문구로 공지되어야 하는 겁니다. 직장에 설치할 때는 사전에 반드시 직원들의 동의를 얻어야 하고요.

초등학교 복도에는 CCTV를 설치할 수 있지만 교실에는 설치할 수가 없어요. 원래의 목적을 벗어나 사람을 감시하는 데 사용될 우려가 있어서 그렇습니다. 학생이라면 누구나 수업 시간에 잠시 딴짓을 할 수 있고 교사들도 그날그날의 컨디션에 따라선 문제 풀이를 하다 실수도 할 수 있겠죠? 그런데 이 모든 순간이 CCTV에 녹화되어 '버릇없는 학생'이라든지 '실력 없는 교사'라는 식으로 외부에 알려지면 어떨까요? 본인의 동의도 없이 공개된 일부 모습만으로 그 사람을 평가하는 일이 벌어진다면 매우 잘못된 것이죠.

CCTV에 녹화만 될 뿐 절대로 공개되지 않는다 하더라도 문제가 없지 않아요. 녹화되고 있다는 사실만으로도 개인은 그 CCTV에 신경이 쓰일 테니까요. 사람의 감정은 기계처럼 버튼을 누르면 곧바로 사라지는 게 아니잖아요. 눈앞에 '나를 촬영하는' 카메라가 있으면 그것을 의식하면서 행동할 수밖에 없죠. 콧구멍에 손가락을 넣으려다가도 멈칫할 거예요. 이렇게 다른 시선을 의식하며 살아가는 것은 결코 '인간다움'이라 할 수 없어요. 스스로가 인생의 주인이 되지 못하고 마치 CCTV가 주인이 된 것 같은 상황이 펼쳐지겠죠. 그래서 일터에 CCTV를 설치하는 것에는 여러 논란이 생겨요. '감시당하는 기분'은 결코 좋은 감정이 아니기 때문입니다.

또한 합법적 절차를 밟아 CCTV를 설치한다 해도 음성을 녹음하면 불법이에요. 사람이 혼잣말을 할 때를 떠올려볼까요. 혼잣말은 말 그대로 '혼자만 들을 수 있다는 걸 알기에' 하는 말이에요. 만약 누군가가 나의 혼잣말을 듣는다면, 혹은 그때 한 말을 가지고 문제 삼는다면 인간은 혼잣말조차 편하게 할 수가 없죠. 그런 부자유한 삶이 과연 행복할까요? 그렇기에 우리나라의 법은 자신이 함께 이야기하고 있지 않은 상황에서 남들의 대화를 어떤 기계로든 녹음하는 것 자체를 불법으로 규정하고 있어요.

사생활이 중요하니 CCTV 설치를 하지 말자는 이야기가 아닙니다. CCTV가 범죄를 예방하는 데 장점이 있다면 개인의 사생활이 위축되지 않을 방법을 고민하면서 활용해야 한다는 것이지요. 녹화된 영상을 보는 절차를 더 까다롭게 해야 하고 당사자 동의 없이 유출할 때는 처벌을 강화해야 합니다. 평소 나쁜 행동을 하지 않는다면 CCTV 때문에 걱정할 필요는 전혀 없지 않느냐고 말하는 사람도 있어요. 언뜻 맞는 말 같지만 그렇지 않아요. 착하게 살아가는 것과 착하게 살지 않으면 큰일 날 수 있다는 두려움에 휩싸여 살아가는 것이 과연 같을까요?

대한민국의 헌법 제17조는 '모든 국민은 사생활의 비밀과 자유를 침해받지 아니한다'라는 내용이에요. 코로나19 발생 초기에 확진자의 동선이 적나라하게 공개되어도 사람들은 이를 대수롭지 않게 여겼어요. 그건 사람들이 이미 디지털 기계의 편의성이 주는 이점에 무의식적으로 길들여졌기 때문이에요. 여러분도 친구와 카카오톡을 주고받으면서 혹은 인터넷에서 누군가의 증명사진이나 졸업앨범 사진을 그 사람의 동의 없이 본 적이 있을 테고 그런 일이 별로 대수롭지 않았을 거예요. 누군가의 사생활을 침해했지만 이제 우리는 그게 사생활 침해라는 생각조차 하지 못하게 된 것이죠. 이게 과연 바람직한 상황일까요?

인공지능은 항상 옳은 결정을 내릴까요?

디지털이 가져온 일상의 변화

여러분은 맛있는 음식을 배달받아 먹고 싶을 때 어떻게 하나요? 아마 스마트폰의 배달 앱을 켤 겁니다. 하지만 제가 10대, 20대였던 1990년대, 2000년대에는 부엌부터 뒤졌어요. 부엌 찬장이나 서랍에 동네 식당 전화번호가 적힌 전단지나 스티커, 심지어 나무젓가락도 모아두었거든요. 배달 앱이 없던 그 시절에는 중국음식을 먹고 싶을 때는 중식당 전단지를 찾고, 족발을 먹으려면 나무젓가락 포장지에 적힌 전화번호를 보고 족발가게에 전화했죠.

하지만 지금은 스마트폰을 몇 번만 만지면 수백 개의 식당과 수천 개의 메뉴를 확인할 수 있어요. 수많은 정보를 효과적으로 관리해주는 기술이 개발되었기 때문인데, 이를 빅데이터 혁명이라고도 하죠. 달라진 세상에서 사람들은 인터넷이 없던 시절에 비해 몇십 배는 빠르고 효과적으로 정보를 얻을 수 있어요.

여러분도 무엇에 대해 스스로 조사해 정리하는 수행평가를 해 보았을 거예요. 우리나라에서는 1999년부터 수행평가가 시작되었어요. 그 전에는 문제 풀이라든가 독후감 작성 정도의 숙제가 전부였는데 이제 자료를 직접 찾는 과제가 등장한 것이지요. 이런 변화가 가능했던 것은 결정적으로 '인터넷'이 모두에게 익숙해졌기 때문이에요. '집에서도 인터넷 검색이 가능한 시대'가 되어서 학생들의 공부 방법에도 변화가 생긴 거죠.

집집마다 인터넷이 연결된 세상이 아니라면 '스위스에 대해 자유롭게 조사해 오기' 같은 과제를 내주기도, 해내기도 쉽지 않았겠죠. 아마도 스위스에 관한 책이나 자료를 도서관에서 빌리거나 서점에서 사 읽어야 할 텐데 이것은 시간과 돈이 더 많이 필요한 일이고 모두에게 이 시간과 돈이 공평하게 주어져 있지도 않으니까요. 한두 권의 책이야 어떻게 구한다 하더라도 그것만으로는 충분한 정보를 얻기 어려워요. 하지만 지금은 초등학생들도 집에서 인터넷 포털 사이트에 접속해 검색어를 입력하는 게 일상이죠. 더 많은 정보를 더 빠른 시간 안에 더 간편한 방법으로 얻을 수 있게 된 거예요.

모든 것이 연결된 디지털 세상에서 벌어지는 이상한 일

디지털 세상에서 사람들은 편리하게 살아가요. 검색어를 하나 입력하면 그와 관련된 연관검색어까지 자동으로 제시되죠. 예전에는 책 한 권을 다 읽어야만 알 수 있던 내용을 지금은 인터넷 검색으로 몇 분 안에 파악할 수 있어요. 또 비슷한 분야에 속한 책은 뭐가 있는지까지 쉽게 알아낼 수 있어요. 예를 들어, 멀리 떨어진 대형 서점에 직접 가지 않더라도 인터넷 서점에서 어떤 책을 클릭하면 '같은 책을 클릭한 사람이 구입한 다른 책들'이 함께 뜨니까요. 과거에 비해 원하는 자료를 얻는 시간이 획기적으로 단축된 거죠.

그리고 사람들은 손에 미니컴퓨터나 다름없는 '똑똑한(스마트)' 전화기까지 들고 다녀요. 거의 언제나 디지털 세상에서 살아가는 셈이에요. 그래서 궁금한 것이 있을 때 굳이 다른 사람에게 물어보지 않아도 되고, 일부러 도서관에 가지 않아도 되죠.

그렇지만 이상한 일도 일어나고 있어요. 사람들이 인터넷 정보를 무조건 옳다고 여기는 경향이 커졌어요. 예를 들어, 제주 4·3항쟁이라든가 광주 5·18민주화운동에 대해 조사하는 과제를 받았다고 해봅시다. 학생들은 무엇을 조사해야 할까요? 이 사건이 어떤 배경에서 어떤 맥락으로 이어졌는지, 그 과정에서 누가 피해를 보고 누가 이득을 취했으며, 현재 이 사건에 대한 역사적 평가가 어떻게 이루어지고 있는지 등을 알아보아야 합니다.

다시 말해 이 과제의 목적은 국가가 국민에게 저지른 폭력은 무엇이고 그게 왜 잘못인지를 정확히 이해하는 것이죠. 하지만 대한민국에는 평범한 이들이 아무런 죄도 없이 죽어야만 했던 이 사건에 대해 '공산주의자들의 폭동'이라고 말하는 사람들도 있어요. 정확한 사실 확인도 하지 않은 채 개인의 추측을 덧붙여 주장하기도 합니다. 대학생조차 정확하지 않은 내용으로 리포트를 작성해요. 인터넷에서 특정 내용을 찾아 마우스로 클릭한 다음 그대로 복사해 붙여 넣기도 하죠.

모두가 인터넷을 하는 시대가 되면서 모든 것이 연결되었어요. 이건 장점이기도 하지만 단점이기도 해요. 가장 큰 문제는 '좋지 않은 환경'에도 누구나 쉽게 노출된다는 점이죠. 사람이 사는 곳 어디에나 나쁜 사람이 있고 나쁜 매체(사진, 영상 등)가 있는데, 예전에는 이를 차단하기가 비교적 수월했어요. 나쁜 사람은 만나지 않으면 되고, 내용이 좋지 않은 잡지책이나 비디오테이프는 구매를 하지 않도록 보호자가 교육할 수 있었죠.

하지만 요즘처럼 모든 것이 디지털로 연결된 세상에서는 정보의 이동이 순식간이기 때문에 누구와 이야기를 하는지, 어떤 내용을 보는지 다른 사람이 알기가 어려워요. 게다가 아직 정보를 다양하게 접해보지 못한 청소년들로서는 자신이 접한 어떤 내용이 좋은 주장인지 나쁜 주장인지 판단하기도 어려우니, 어쩌면 과거에 비해 훨씬 더 위험한 세상을 살고 있는지도 모를 일이죠.

그리고 인터넷은 생각의 오류나 잘못된 정보를 '발견하도록' 도와주지 않아요. 오히려 오류조차 진짜같이 느껴지게 하기도 해요. 왜냐하면 인터넷 세상에서는 사실이 중요한 게 아니거든요. 사실이라고 믿는 사람들끼리 동의만 하면 아무런 문제가 없다고 생각하는 경우가 많아요. 그래서 차별과 혐오를 담은 이야기마저 대수롭지 않게 여기기도 해요.

자신이 믿고 싶은 것만 믿는 태도를 가리켜 심리학에서는 '확증편향'이라고 하는데요. 인터넷 세상에서는 이 문제가 더 심각해요. 인터넷 안의 정보가 '알고리즘'을 통해 개인에게 다가오기 때문이에요. 알고리즘은 문제를 풀어가는 절차를 뜻하는 말로, 컴퓨터가 그 나름의 시스템 명령에 따라 개인이 선호하는 걸 찾아내 제시해주는 걸 가리키기도 해요. 이를테면 유튜브를 시청할 때 보고 싶어 하는 내용이 연달아 소개되는 건 여러분의 취향을 인공지능 시스템이 시시각각 분석하고 있기 때문이에요.

이런 편리함이 주는 긍정적인 면도 분명 있어요. 축구 선수 손흥민을 좋아하는 사람이라면 최신 경기 장면을 쉽게 볼 수 있을 거예요. 또 효과적인 공부 방법을 궁금하게 여기던 사람에게 관련 정보가 상세히 자동으로 소개된다면 좋은 일이죠. 하지만 거짓 정보까지 단지 사용자의 취향에 맞기만 하면 끊임없이 제시되어 보지 않을 수 없게끔 해요. 결국 비슷한 이야기만 보고 듣게 되는 건데요. 그럼 사람들이 아무래도 고정관념을 갖게 되겠죠?

이처럼 디지털 세상은 우리에게 편리함을 주기도 하지만, 그 때문에 사람들의 생각 또한 단편적으로 변해가는 경향이 있습니다.

똑똑한 알파고! 막말하는 챗봇 테이?

인간과 바둑 대결을 펼쳐 압승을 거둔 인공지능 '알파고'를 기억하시죠? 사람이라면 수천 년 동안 하루도 쉬지 않고 외워야만 머릿속에 넣을 수 있는 분량의 기보(棋譜: 바둑을 둔 내용)를 몇 시간이면 암기하는 알파고는 바둑의 가장 적합한 수를 인간보다 월등하게 잘 찾았지요. 정말 대단하죠?

알파고가 바둑을 잘 둔 것은 그전에 인간들이 바둑을 둔 사례를 전부 데이터로 입력해 저장해두었기 때문이에요. 즉 인공지능이란 기계가 독창적으로 생각하는 것을 말하는 게 아니라 '사람들의 일상'을 빅데이터로 관리해 최적화된 값을 찾아낸 것을 가리켜요. 바둑처럼 단순한 오락이나 스포츠에 인공지능이 개입한다면 그

덕택에 사람들도 오락·스포츠 실력이 늘 거예요. 하지만 인공지능이 빅데이터로 삼는 사람들의 일상 자체가 언제나 정의롭고 평등하지는 않다는 점을 기억해야 해요. 불평등을 당연하게 여기면서 차별에 대해 따지는 사람을 비난하는 경우가 우리 주변에 흔히 있는데 만약 이런 사례까지 빅데이터로 관리된다면 어떤 일이 벌어질까요?

2016년 마이크로소프트(MS) 사에서 개발해 서비스를 시작한 '테이(Tay)'라는 인공지능 챗봇(chatbot)이 있었어요. 궁금해하는 정보를 찾아줄뿐더러 이야기 나눌 대상이 없어 외로움을 느끼는 사람들과 직접 소통하는 인공지능 로봇이죠. 인류는 오랫동안 다른 이와 대화를 해왔고 또 이를 기록으로 남겨왔어요. 그렇게 공개된 인터넷 커뮤니티에 등장한 사람들의 대화 등이 테이의 빅데이터 기반이 되었어요.

테이는 특정 질문에 대해 사람들이 자주 언급하는 내용을 찾아 대화를 이어갔지요. 그런데 테이는 대화 도중 인종차별을 당연시하는 발언을 했어요. 히틀러가 수백만 명의 유대인을 학살한 '홀로코스트'가 조작된 사건이라고 사실이 왜곡된 이야기도 했죠. 무슬림은 테러리스트이고 페미니스트는 지옥에 가야 할 사람이라며 혐오 발언을 일삼았지요. 특정 커뮤니티에서 나온 질문과 댓글이 아무런 검토 없이 그대로 테이에 입력되어서 생긴 문제였어요.[2]

2020년 국내에서 개발된 인공지능 챗봇 서비스 '이루다'가 차별과 혐오 발언 논란으로 서비스를 중단했다. 이루다를 개발한 스캐터랩은 홈페이지에 서비스 중단을 공지하고 공식 입장문을 통해 사과를 전하며 이번 기회를 통해 편향 대화 검출 모델을 개발하여 공유하겠다고 약속했다.

'테이'는 결국 서비스를 시작한 지 16시간 만에 운영을 멈추어야 했지요.

한국에서도 2020년 '이루다'라는 인공지능 챗봇 서비스가 발표되었으나 차별과 혐오 발언을 아무렇지 않게 하는 모습에 결국 운영이 중단되었지요.

또 이런 사례도 있어요. 거대 IT 기업 '아마존'에서 직원 채용 시 발생하는 편견을 없애겠다면서 인공지능 시스템을 개발했어요. 그런데 이 인공지능은 남녀가 동점자일 때 남성을 더 선호했지요. 자기소개서도 남성성이 드러나는 구절을 더 선호해 평가했고 여성이라는 유추가 가능한 구절이 있으면 낮은 점수를 매겼어요.[3]

인공지능이 인간이 지금까지 쌓아온 엄청난 자료를 정리하고 분석하는 시간은 획기적으로 단축했을지 몰라요. 하지만 인공지능은 그 자료 속에 담긴 '인간의 편견'까지 학습했어요. 그 때문에 그 편견을 그대로 내보인 거예요. 신용카드가 발급될 때 남성에게 한도액을 더 많이 허용하는 것도, 범죄 예방 시스템이 흑인을 범죄자로 인식하는 비율이 높은 것도 인간의 편견이 고스란히 반영된 '첨단' 인공지능의 분명한 '한계'이지요.

빅데이터를 만들고 관리하는 기술은 분명 혁신적이에요. 그렇지만 혁신 기술이 사람들의 생각도 혁신적으로 바꾸었다고는 볼 수 없어요. 포털 사이트는 조회 수가 많은 기사를 더 많은 사람이

볼 수 있는 위치에 올려줘요. '좋아요'를 많이 받은 댓글을 '베스트 댓글'이라면서 가장 먼저 볼 수 있도록 노출해주죠. 하지만 그건 '다수의 의견'일 뿐이에요. 다수가 좋아한다고 그 정보가 무조건 옳은 건 아니에요.

인터넷에 떠돌아다니는 누군가의 사진, 괜찮을까요?

"이 사진, 제 동의를 받고 올리셨나요?"

서랍장 한곳에 모아둔 두꺼운 사진첩을 꺼내 자녀의 어린 시절 사진을 찾아보면서 추억에 젖는 부모의 모습, 영화나 드라마에서 자주 등장하죠? 그런데 앞으로는 이런 장면이 사라질지도 모른답니다. 이제 사진은 사진첩이 아니라 컴퓨터 안에 보관되니까요. 컴퓨터도 꼭 데스크톱이 아니어도 되죠. 요즘 부모님들은 과거의 자녀 사진을 자신의 SNS에서 찾으니까요. 그때, 한번 물어보세요. "이 사진, 제 동의를 받고 올리셨나요?"

인스타그램에 '#육아'를 입력하면 수백만 장의 게시글이 등장합니다. 이처럼 육아 생활을 적극적으로 공유하는 부모를 '셰어런츠(Sharents)'라고 해요. 공유하다라는 뜻의 'share'와 부모를 뜻하는

'parents'의 합성어죠. 지금 청소년들의 보호자 대부분은 이십 대 시절부터 디지털 장비를 다루는 데 익숙하고 인터넷 공간에서 사진을 공유하는 게 어색하지 않은 셰어런츠 세대예요. 그래서 요즘 아이들은 이가 나기도 전에 디지털 세상에 자신의 자국을 남긴다는 표현이 있답니다. 이 말은 많은 사람의 사진이 자신도 모르게 세상에 공개된다는 의미예요.

나쁜 의도로 사진을 올리는 부모는 없겠지만 그 결과가 항상 좋지는 않아요. 아무리 어린아이라지만 옷도 입지 않은 모습이라든가 부모가 장난스럽게 설정한 사진 등은 한 사람의 이미지를 훼손할 수도 있겠죠? 그저 귀여워서 그랬다 하더라도 당사자가 조금 더 커서 그 일을 생각할 때 상당히 굴욕적이라 느낄 수 있는 것이니까요. 특히 배변 훈련을 시킨다면서 화장실에서 용변을 보는 사진을 올려 공개한다면 어떻겠어요? 그 모습을 주위의 아는 사람이 본다고 해도 수치스러울 텐데 모르는 사람들, 그것도 몇 명인지도 모를 수많은 사람이 보았다면 당사자의 기분은 당연히 좋지 않겠지요. 그래서 사생활 보호 개념이 엄격한 해외에서는 '허락 없이 사진을 올렸다는 것'을 이유로 법적 처벌을 하기도 합니다.

왜 이런 일이 생기는 걸까요? 요즘 시대의 부모는 과거에 비해 자녀의 사생활을 존중하는 경향이 사라졌기 때문일까요? 이는 개인의 도덕성 문제가 아니랍니다. 디지털 문화가 빚어낸 대다수의 전반적 현상이지요. 남을 상대할 때 자연스럽게 지켜지던 마음가짐이나 태도가 기술의 변화로 등장한 '사이버 세상'에서는 별것 아니라고 여겨진 탓이 가장 커요. 예전의 규칙을 인터넷이라는 가상공간에서는 적용하지 않아도 된다고 여기는 거죠.

사생활 침해에 둔감해지는 사람들

너무 많은 사람이 사생활을 침해하면 그 행위가 대수롭지 않게 여겨지기도 하지요. 여러분이 자료 조사를 할 때도 비슷한 경우가 있을 거예요. 예를 들어, 특정 연예인을 인터넷에서 검색하면 수만 장의 사진이 떠올라요. 그 사진에는 모두 저작권과 초상권이 있어요. 찍은 사람과 찍힌 사람이 허락해야만 사진을 사용할 수 있습니다. 하지만 아무도 그 문제를 신경 쓰지 않고 그 사진을 복사해서 쓰거나 이리저리 옮기기도 해요. 어떤 행동이 옳거나 그르다는 기준이 모호해진 것은 인터넷 세상에서는 정보가 너무 많기 때문이에요. '누구나 검색해서 볼 수 있는 것'을 '누구나 마음대로 사용해도 되는 것'으로 착각하는 거예요.

그래서 요즘 디지털 공간에서는 개인 정보를 무단으로 사용하는 사람들 때문에 개인이 위협을 받는 일이 자주 일어나고 있어요. A의 사진을 B가 무단으로 이용할 때 보통의 경우라면 A는 B에게 따지면 되겠죠? 하지만 인터넷 세상에서는 정보가 급속히 퍼집니다. A의 사진을 A가 아는 B, C가 아니라 전혀 모르는 C, D, E가 마음대로 이용하는 셈이지요. 그렇다고 별다른 제재가 있는 것도 아니라서 F, G, H도 마찬가지로 정보를 공유해요. 본인이 포함되어 있는 인터넷 커뮤니티라면 '왜 내 사진을 허락도 없이 올렸냐! 당장 삭제해!'라고 의견을 전달할 수 있지만 그렇지 않다면 누구도 그 상황에 문제를 제기하지 않아요.

정보 기술이 발달하지 않았던 옛날 같으면 정보가 열 명에게 알려지는 데 몇 날 며칠이 걸렸겠지만 현대 사회에서는 수천 명에게 알려지는 것이 몇 분이면 가능해졌어요. 게다가 그 수천 명 중에는 타인의 얼굴과 사생활을 악의적으로 이용하는 아주 나쁜 사람도 있을 수 있습니다. 최근에는 대출 권유나 성매매 알선 등을 목적으로 접근하는 메시지의 '프로필'에 당사자와는 전혀 상관이 없는 사람의 신체 부위 사진을 사용하는 문제가 발생하기도 해요. 특정 성향의 커뮤니티에서는 자신들과 다른 의견을 표출한 연예인이나 일반 시민의 모습이 담긴 뉴스 화면을 캡처해 혐오를 일삼기도 하죠.

이러다 보니 디지털 공간에 아예 흔적을 남기지 않으려는 노력도 생겨나서 오랫동안 자연스럽게 여겨지던 관행마저 바꾸었어

2018년 '이돈명인권상'을 수상한 초등성평등연구회는
네 명의 선생님이 시상식에 참석해 기념사진을 찍었지만,
사생활 보호를 위해 외부에는 단상 사진만 공개했다.

요. 예를 들어, 초등학교 교사로 구성되어 학생들의 성평등 교육을 연구하는 '초등성평등연구회'는 우리나라 1세대 인권변호사 이돈명을 기리며 제정된 '이돈명인권상'을 수상했지만 시상식장에서 사진을 찍지 않았어요. 한국 사회에서 '성평등'은 첨예한 논쟁이 일고 있는 문제인데 '지금은 여성이 차별받지 않는다!', '남자도 차별받는다!' 등의 말을 하는 사람들 중 일부가 성평등을 주장하는 사람의 사진을 공개하며 모욕을 주는 행위를 하면서 무슨 정의의 실현인 양 생각하는 경우가 있기 때문이에요.[4]

'성평등'이라는 말만 들으면 화를 내고 그 말을 한 사람의 얼굴을 공개하고 모욕을 주는 이가 그만큼 많은 겁니다. 일반적으로 어떤 상을 수상하면 사진을 찍는 것이 일종의 전통이었지만 디지털 세상에서는 무슨 일이 일어날지 모르기에 이제 전통에도 변화가 생길지 모를 일이에요.

인터넷은 결코 망각하지 않는다

'디지털 장의사'라는 직업이 있어요. 개인이 인터넷에 남긴 흔적을 찾아서 지워주는 일을 하는 사람이죠. 가족 중 누군가가 사망했을 때 다른 가족이 그의 은행 통장이나 보험 서류를 확인하고 해지 작업을 하듯 요즈음은 고인의 이메일이나 SNS 계정, 그가 포함되어 활동하던 커뮤니티의 글이나 댓글을 삭제하고 정리할 필요가 생겨났어요. 그래서 이 일을 전담해주는 직업이 새로 생겨난 것이지요.

그런데 꼭 누군가가 사망하지 않더라도 평소 스스로를 보호하기 위해 디지털 장의사를 찾는 경우도 많다고 해요. 주로 디지털 범죄의 피해자들이에요. 잘못한 사람은 따로 있는데 인터넷 안에서 이루어지는 범죄가 쉽게 적발되지도 않고 가해자를 찾아내기도 어렵기 때문에 상처를 받은 사람이 자신의 돈과 시간을 들이고 있는 거예요.

특정 범죄와 관련되지 않더라도 '혹시나 하는 마음에' 자신이 과거 인터넷에 남겼던 기록을 지우고 싶어 하는 사람들도 많아요. 여러분이 청소년 시기에 SNS에 작성한 글 하나가 20년이 지나서, 예컨대 취업을 하려 할 때 문제시되기도 하거든요. 글 한 줄로 사람을 다 판단할 수도 없고, 또 20년 사이에 생각이 달라졌을 수도 있지만 인터넷에서 얻은 단편적 정보로 고정관념을 갖게 된 이들을 일일이 붙잡고 설명하기란 결코 쉬운 일이 아니겠죠? 그래서 자신도 모르게 여기저기 돌아다니고 있는 디지털 흔적들을 지우기 위해 전문가의 도움을 필요로 하는 거죠. 이런 말이 있어요. "인터넷은 결코 망각하지 않는다."

'잊힐 권리(Right To Be Forgotten)'는 디지털 세상을 살아가는 현대인들의 새로운 고민거리예요. 스페인에서 한 변호사가 과거 세금을 체납한 사실이 1998년도 신문에 알려진 적이 있었는데 이를 삭제해달라고 2010년에 소송을 제기하면서 이슈가 된 문제죠. 10여 년 전의 일이고 이미 문제가 해결되었는데 여전히 검색 한 번이면 누구나 알아내 수군거리니까 너무 답답했던 것이지요.(이후 2014년 유럽 사법재판소는 잊힐 권리를 인정하는 판결을 냈죠.)[5]

물론 잊힐 권리를 악용하여 어떤 사람이 자신의 범죄 사실을 덮으려 한다면 잘못입니다. 하지만 '귀감이 되는 사례'로 소개되었다 해도 이를 삭제하고 싶어 하는 사람들도 많아요. 이를테면 여러분이 지금 봉사 활동을 잘했다고 신문에 소개되었다고 해봅시다. 사람들이 이를 알게 되어 칭찬을 자주 했어요. 기분이 좋겠죠? 그런데 사람은 살면서 누구나 실수를 하거나 여러 이유로 잘못을 저지를 수 있어요. 이때 과거의 미담이 더 가혹하게 당사자를 괴롭힐 수 있어요. 착한 줄 알았는데 아니었네, 옛날에 봉사 활동은 가짜였던 거다, 가식적인 인간이다 등등의 말이 등장하면서요.

처음에는 공개했지만 시간이 지나면서 '감추고 싶은' 것들이 생길 수 있어요. 이는 당사자의 마음이 달라져서만이 아니라 사람을 대하는 태도가 인터넷 세상에서는 훨씬 무례하기 때문에 나타나는 자기 방어적 행동이에요. 디지털 시대라는 게 타인을 혐오해도 되는 시대라는 뜻은 절대 아니랍니다.

잊힐 권리는 최근에야 알려진 개념이기에 아직은 많은 사람이 자신과는 상관없는 문제라고 여기기도 하는데요. 우리도 사진이나 영상을 찍어 개인의 계정에 올릴 때 다른 이의 초상권을 침해하거나 누군가의 잊힐 권리를 침해하지는 않았는지 고민할 필요가 있어요. 더불어 내가 인터넷에서 쉽게 넘겨보고 또 공유하는 정보가 그런 잊힐 권리를 요구하는 이들의 것은 아닐지 한번 생각해보면 어떨까요?

배달 노동자가 일하다 다치면 누구의 책임일까요?

편리해진 소비자! 위태로워진 노동자?

배달 오토바이가 자동차에 부딪히는 사고가 났어요. 바닥으로 떨어진 배달원은 크게 다쳤지요. 행인들이 구급차를 불러주어 배달원은 겨우 병원으로 이송되었습니다. 배달하려던 음식이 여기저기로 흩어지며 거리는 아수라장이 되었어요. 플라스틱 용기와 비닐봉지에는 '○○○중국집'이라고 적혀 있었습니다. 평소 이 중국집의 단골이었던 누군가가 사고를 목격했고, 그가 얼마 후 그 음식점에 가서 주인에게 배달원은 괜찮은지 물어보았어요. 그런데 주인은 그런 사고가 났는지도 모르고 있었어요. 어떻게 이런 일이 가능할까요?

이 이야기는 소설 《남한산성》과 《칼의 노래》 등을 쓴 김훈 작가의 경험담이에요.[6] 김훈 작가는 산업재해로 사망한 노동자들의 안타까운 현실을 고발하는 글을 많이 쓰고 배달 노동자들의 집회 현장에도 자주 함께한다고 합니다. 앞서 이야기한 저 놀라운 일화 때문이랍니다. 노동자가 다쳤는데, 아무도 책임지지 않는 사회 현실이 너무나 놀랍고 슬퍼서 조금이나마 힘을 보태고 싶은 마음이었다고 해요.

찰리 채플린이 각본을 쓰고 주연배우로 등장하고 감독한 영화 〈모던타임스〉는 역사상 위대한 영화로 꼽혀요. 1936년에 만들어진 이 영화는 공장에서 나사 조이는 일을 반복하는 노동자 찰리의 삶을 담고 있어요. 영화 제목으로 쓰인 '모던타임스(modern times)'라는 말은 현대(근대)라는 뜻이죠. 1800년대 후반 산업혁명의 여파로 달라진 미국 사회의 모습을 매우 비판적으로 그려낸 영화예요. 오래전 영화임에도, 그 메시지가 지금 시대에도 충분히 통한다는 평가를 받는 수작(秀作)입니다.

채플린은 이 영화에서 누구나 돈을 잘 벌 수 있다는 자본주의 사회에서 과연 노동자들은 행복한지 물었어요. 명장면이 많은데요. 공장에서 수백 명의 노동자가 종일 같은 동작만 반복해요. 자신이 나사 조이는 동작을 멈추면 공장의 컨베이어 벨트가 멈춰버리기 때문이죠. 나사 조이는 일을 얼마나 열심히 반복하느냐 하면 옆 사람과 기분 나쁜 일이 생겨도 다툴 시간조차 없을 정도예요.

심지어 자기 눈앞에서 성가시게 구는 파리 한 마리도 쫓지 못해요. 파리를 쫓으려고 손을 작업대에서 떼어 위로 올리는 순간 공장 전체가 가동을 멈추게 되어 난리가 나니까요.

산업혁명 이전에는 노예나 노동자 들이 그 누구의 허락 없이도 자유로이 하던 행동이 거대한 기계가 작동하는 시스템이 되면서 불가능해진 것이지요. 기술은 발전했으나 사람들은 더 감시를 당하는 꼴인 거죠. 화장실을 가려고 작업대를 떠난 노동자가 잠시라도 쉬고 있으면 이를 지켜보던 상사에게 지적을 당해요. 심지어 식사를 더 빨리 할 수 있게 해주는 기계를 도입하자는 논의까지 등장하죠. 마트에서 직원들이 어떻게 하면 이 상품이 잘 팔릴까를 고민하듯 작업장에서 '일하는 사람'도 관리자의 생각과 명령에 따라 움직여야 하는 상품이 되어버린 현실을 채플린은 날카롭게 꼬집어요.

현대 사회의 노동자들도 마찬가지로 힘들어서 이 영화가 높은 평가를 받는 걸까요? 물론 그런 측면도 있겠죠. 하지만 무엇보다도 '세상이 좋아졌다는데 정말 그런가?' 하는 질문을 던져주기 때문이 아닐까요. 〈모던타임스〉가 묘사한 공장의 풍경은 '분업 시스템'이에요. 예전에는 농사를 짓든 물건을 만들어내든 처음부터 끝까지 한 사람이 작업 과정을 모두 알아야 했고 그래서 결과물을 얻기까지 시간이 많이 걸렸어요. 그런데 이제 다양한 일을 여러 사람이 맡아서 동시에 하게 되니 상품이 만들어지는 속도도 빨라졌죠. 산업혁명은 바로 이런 산업 체계가 '혁명적으로 변화했음'을 의미해요. 새로운 세계에 대해 모두가 '혁명'이라 표현하며 찬양 일색일 때 채플린은 반기를 들었던 거죠. 아마 이렇게 외친 게 아닐까요? "사람을 보라고! 일하는 노동자들의 삶도 정말 좋아진 거 맞아?"

이 외침은 지금도 유효해요. 최근 디지털 기술이 급속히 성장하면서 노동자를 관리하는 시스템도 획기적으로 변화했죠. 예전에는 식당마다 배달 노동자를 직접 고용했어요. 배달용 오토바이도 식당 주인이 따로 구입했고 오토바이 기름 값이나 보험료도 책임졌죠. 한마디로 배달 노동자는 그 식당에서 고용한 직원이었어요. 따라서 장사가 잘되지 않아도 배달 직원에게 월급을 지급해야 했죠. 그러지 않으면 식당이 바쁠 때 아무도 책임감 있게 일하지 않을 테니까요.

그러나 요즘은 달라요. 배달 앱을 이용하는 것이 더 익숙한 세상이 되었으니까요. 이제 음식점에서 필요로 할 때에만 배달원을 사용할 수 있어요. 주문이 오면 가게 근처에서 대기 중이던 배달원들에게 자동으로 호출이 가고 그중 '몇 분 내로 배달을 완료할 수 있다'라고 주문을 수락한 사람이 일을 하고 건당 배달료를 받는 식이죠. 그래서 배달원을 '고용'하는 개념이 아니라 '사용(이용)한다'라는 표현이 더 적절해졌어요.

노동도 노동자도 상품이 아니다

이 시스템은 많은 변화를 가져왔습니다. 첫째, 식당 주인은 인건비를 절약했어요. 꼬박꼬박 월급 주며 배달원을 고용하지 않아도 되니까요. 둘째, 배달 노동자들은 예전보다 더 많이 벌 기회가 열렸어요. 정해진 월급을 받는 게 아니라 자신이 일한 만큼 수수료를 받는 시스템이기 때문이에요. 셋째, 예전에는 비용 문제로 배달 주문을 받지 않던 음식점들도 이제 그 방식을 이용하니 소비자들이 그만큼 더 편리해졌어요. 다양한 종류의 음식을 집에서 편안히 배달받아 먹을 수 있게 되었으니까요. 그래서 이 시스템을 개발하고 운영하는 사람들이 유명해졌어요. 언론에서 '배달 혁신'이라며 긍정적 평가를 해주었거든요.

그런데 이상한 일이 발생했어요. 음식을 배달하다 다치는 노동자가 이전보다 많아졌고 심지어 목숨을 잃는 경우도 늘어났어요. 교통 신호를 지키지 않고 과속하는 배달 노동자들이 많아진 거예요. 고객에게 더 빨리 배달하는 노동자가 '성과가 좋다'라고 평가받는 시스템이기 때문이에요. 즉 목숨 걸고 더 빨리 오토바이를 몰아 배달해야만 인공지능에 의해 '우수 배달원'으로 분류되어 배달 기회를 더 많이 얻게 되죠.

더 충격적인 것은 이런 힘든 노동을 하면서도 배달원들은 '노동자'로 여겨지지 않는다는 점이에요. 이들은 '특수고용직'★으로 분류되어 1인 사업자 신분으로 일을 하기 때문이에요. 1인 사업자란 본인이 사장이자 직원이라는 거죠. 그리고 특수고용자라는 건 기존의 '고용 관계'에 적용을 받지 않는다는 뜻이죠.

모든 노동자는 근로기준법에 '다치면 치료받을 수 있는' 최소한의 안전장치가 마련되어 있죠. 근로기준법 제78조 "근로자가 업무상 부상 또는 질병에 걸리면 사용자는 그 비용으로 필요한 요양을 행하거나 필요한 요양비를 부담하여야 한다"[7]에서도 확인할 수 있어요. 하지만 '특수'라는 말이 붙은 노동자들은 원할 때만 일을 하고 또 일한 만큼 돈을 벌 수 있다는 이유로 목숨이 위태로울 정도로 위험한 상황에 처해도 스스로 책임져야 해요.

바로 이런 이유로 앞서 김훈 작가가 목격한 것처럼, 배달원이 노동 중에 끔찍한 사고를 당해도 그 누구도 책임을 지지 않는 것입니다. 근로자가 단 한 사람이라도 있는 모든 사업장은 의무적으로 산재보험(산업재해보상보험)에 가입해야 해요. 이로써 노동자가 불

★ 법률적 용어인 '특수형태근로종사자'는 사무실이나 점포 없이 사업주에게 종속된 근로자를 뜻하며, 이들은 근로 제공 방법과 근로시간 등에 관해 자율적으로 결정하고 상품이나 노동을 제공한 만큼의 소득을 얻는다. '특수고용직'은 그보다 더 넓은 범위의 고용 형태를 포함하는 사회적 용어로 쓰인다.

2021년 통계청은 온라인으로 주문하는 배달 음식 시장이
3년 동안 여섯 배 이상 커졌다고 발표했다.
점차 높아지는 소비자들의 배달 수요와
지속되는 코로나19 상황으로 배달 서비스 이용자와
배달원은 더욱 늘어날 것으로 예상된다.

의의 사고를 당하면 산재보험을 통해 최소한의 보호를 받을 수 있죠. 하지만 특수고용직 노동자는 '산재보험법'의 적용을 받지 않아요. 해당 노동자가 산재보험 적용제외 신청서를 작성하면 회사는 아무런 안전장치를 마련하지 않아도 되는 거죠. 돈벌이가 시급한 노동자들은 자기 권리에 대해 일일이 주장하지 못한 채 위험에 노출된 상황에서 일을 시작할 수 있어요. 그러다가 사고가 나면 본인이 해결해야 하고 병원비도 스스로 부담해야 해요.

이 모든 것이 '관리 시스템'이 효율적으로 운영된 좋은 사례처럼 소개되었습니다. 즉 비용이 절감되고 이윤이 증가하기만 한다면 '노동자'가 어떻게 다뤄지든 상관없는 일종의 상품이 되어버린 것이지요.

음식점이나 가게에서 배달원을 직접 고용할 필요가 없게 되고 배달원이 어디에 소속될 필요가 없게 된 것은 수만 명의 배달원을 동시에 관리할 수 있는 디지털 기술이 있었기 때문이에요. 이런 노동관계의 변화를 가리키는 말이 바로 '플랫폼 노동'이죠. 새로운 판(플랫폼)에서 기존과는 다른 형태의 계약을 맺고 노동이 이루어지고 있다는 의미입니다.

원칙적으로 플랫폼 노동자는 자신의 근무 시간을 이전의 노동자들보다 더 자유로이 조정할 수 있어요. 그래서 얼핏 세련된 시스템처럼 보입니다. 하지만 사람은 노동을 해야만 삶을 유지할 수 있잖아요. 반드시 일을 해야만 살아갈 수 있는 사람에게 "위험한 일이니 그만두면 되잖아"라고 말할 수 있을까요?

더 큰 문제는 사람들이 이미 변화된 시스템에 길들여졌다는 거예요. 신속한 배달을 좋은 서비스로 이해하고 배달이 늦으면 자신의 권리가 침해받은 것처럼 항의하는 사람이 많아진 건 이런 배달 시스템에 너무 익숙해졌기 때문이겠죠.

'국제노동기구'라는 게 있습니다. 노동자의 노동조건 개선 및 지위 향상을 위해 1919년에 창설되었어요. 이때 합의한 원칙 중 하나가 '노동은 상품이 아니다'라는 것이었어요. 과거, 찰리 채플린은 노동자를 상품으로 취급하는 현실에 분노했는데, 현대 사회는 달라졌을까요? 배달 노동자가 음식을 배달하다 죽어도 아무도 모른다면 그것이 과연 '손쉽게 쓰이고 버려지는' 상품하고 무엇이 다를까요?

디지털 기술은 인류의 삶을 발전시켰어요. 이제 그런 기술이 없는 세상은 상상하기도 힘들죠. 지구 반대편 사람과 친구가 되고, 사고 싶은 물건을 1초 만에 가격 비교 후 선택할 수 있게 되었어요. 하지만 우리가 이런 편리함에 길들어가는 동안 누군가의 사생활은 침해받고 있으며, 어떤 노동자는 당연한 권리마저 보장받지 못하고 있지요. 눈앞에 드러난 문제점을 개선할 방법은 궁리하지 않고 나날이 발전하는 기술에 그저 감탄만 한다면, 과연 '좋은 사회'라 할 수 있을까요?

3장

기후위기로 읽는 인권

박상욱

기자. JTBC 정책팀에서 환경 분야를 심층 취재하고 있으며, 2019년 11월부터 매주 월요일 〈[박상욱의 기후 1.5] '먼 미래'에서 '내 일'로 찾아온 기후변화〉에서 연재 보도 중이다. 뉴스를 통해 각종 재난재해 현장에서 소식을 전하는 한편, 기획 리포트를 통해 바람길 숲과 미세먼지 차단 숲의 효과와 중요성을 알려왔다. '2019 한국기후변화학회 기후변화 언론인상', '2021 세계 기상의 날 기상청장 표창'을 받았으며, 환경부와 교육부가 공동 발간한 기후변화 및 저탄소 생활 중등교재 《기후변화는 느리게, 우리의 대응은 빠르게》를 공동 집필했다.

기후위기가 인권을 위협한다고요?

기후위기가 '북극곰'만 힘들게 하는 건 아니다

기후변화나 기후위기라는 단어와 함께 가장 먼저 떠오르는 이미지가 있습니다. 바로 북극곰의 모습이죠. 그리고 이런 문구도 생각날 겁니다.

"얼음이 녹고 있어요!"

"북극곰을 지켜주세요!"

우리나라는 최신 유행이나 기술 등 변화에 신속히 대응한다는 평판을 듣습니다. 하지만 유독 기후변화 문제와 관련해서는 1990년대에도, 2000년대에도, 2010년대에도, 2020년대에도 별로 달라지지 않았어요. 기후변화, 기후위기 이슈는 여전히 '북극곰'을 걱정하는 수준에 머물러 있는 겁니다.

우리나라가 '기후변화'를 인식하고 국가 차원에서 처음 행동에 나선 때는 언제일까요? 1990년에도 '지구온난화', '이산화탄소 배출 규제'라는 키워드는 언론에서 쉽게 찾아볼 수 있었습니다. 1990년 10월, 탄소 배출 규제를 위한 '국제협약'의 필요성을 논의하고자 스위스 제네바에서 회의가 열렸고, 여기에 우리 정부 및 기관 관계자도 참석했죠. 세계기상기구와 유엔환경계획은 그해에 내놓은 보고서에서 "온실가스를 지금처럼 내뿜을 경우, 2025년엔 1℃, 2100년엔 3℃ 기온이 높아질 것"이라면서 온실가스를 구성하는 각종 물질(이산화탄소, 메탄가스, 질소산화물 등)에 대해 자세히 규정해 두었죠.[1]

그때나 지금이나 온실가스와 기후변화를 설명하는 내용은 다소 난해한 것으로 여겨지는 듯합니다. 아마 그래서 그때나 지금이나 그저 '북극곰' 이야기만 하고 있는지도 모르겠습니다. 하지만 최근 들어서는 기후변화, 기후위기라는 것이 말이나 설명이 필요 없는 '이상 현상', 심지어 '극한 현상'이 되어 우리를 덮치고 있습니다. 복잡한 용어나 시뮬레이션 없이도 '와, 큰일 났네' 하는 생각이 절로 들죠. 그럼 2018년부터 2020년까지 3년 동안 대체 무슨 일이 일어났는지 살펴볼까요.

기후위기는 눈앞에 닥친 현실

2018년은 '역대급' 폭염이 찾아온 해였습니다. 8월 1일 강원도 홍천은 일 최고기온이 41℃까지 오르며 한국의 공식 최고기온을 경신했어요. 홍천은 여름철 '피서지'로 손꼽히는 곳입니다. 그만큼 여름에도 시원하다는 의미일 텐데, 역사상 가장 높은 기온이 바로 거기서 측정된 겁니다. 같은 날 서울도 39.6℃까지 달궈지며 1907년 한국에서 기상 관측을 시작한 이래 가장 높은 기온을 기록했습니다. 춘천도, 수원도, 대전도 2018년에 '일 최고기온'이 깨졌죠. 전국의 폭염 일수는 무려 31.4일. 마찬가지로 역대 최장 기록이었고, 열대야 일수 역시 17.7일로 가장 길었어요.

'날씨 좀 덥다고 그게 인권이랑 무슨 상관일까?' 이런 생각이 들 수 있어요. 하지만 인권과 기후 문제는 결코 동떨어진 게 아니랍니다. 역대급 폭염이 찾아온 어느 날, 전 취재차 서울 종로구의 한 주거 밀집 지역을 찾았습니다. 이상 고온으로 인해 사람들이 실제로 얼마나 열악한 상황에 처하게 되는지를 취재했는데요, 창도 없는 방에 들어가니 실내온도가 30℃를 훌쩍 넘어섰습니다. 환기도 어려운 방이 이렇게 끓어오르니 주민들은 집 밖으로 나가는 수밖에 없었어요. 그래 봐야 집 앞 좁은 골목에서 손부채를 부치며 열을 식히는 것이지만요.

폭염 일수와 온열 질환자 수

자료: 질병관리청, 2020

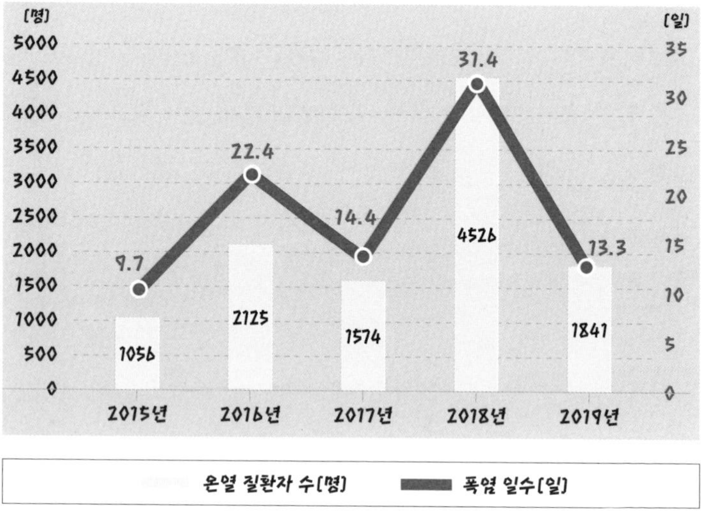

기초지방자치단체에서 얼음물과 아이스박스를 가져다준다곤 하지만 시원함은 잠시뿐 500밀리리터 얼음생수 몇 병으로 비디기란 쉽지 않습니다. 밤이면 열대야 현상까지 더해져 방의 공기가 식기는커녕 벽이 더 데워져 있습니다. 분명 길 하나만 건너면 시원한 에어컨 바람이 나오는 카페와 음식점이 즐비하지만 불과 '한 블록'을 사이에 두고 이런 환경이 공존하는 겁니다. 일부에서 '쪽방촌'이라 부르는 주거 밀집 지역은 전국 곳곳에 있습니다. 밤낮없이 폭염이 이어질 때 집이 다닥다닥 붙어 있는 이 지역 주민들은 방 안에 있는 것 자체가 고역입니다.

'역대급 폭염'으로 2018년 온열 질환자도 4526명으로 급증했습니다. 이 중 48명은 세상을 떠났습니다. 게다가 기록적 폭염이 잦아들기 무섭게 8월 말에는 제19호 태풍 솔릭이 엄청난 위력으로 제주도를 강타했습니다. 서귀포뿐 아니라 제주 곳곳에서 전신주와 신호등, 가로수와 각종 구조물이 부러지고 휘어졌습니다.

2019년은 어땠을까요? 2018년의 기록을 넘어서진 않았지만 전국 곳곳이 무더운 여름을 보냈습니다. 그러나 이해에는 특히 17개 광역시도 가운데 서울에서 가장 먼저 '폭염 경보'가 발령됐습니다. 대구나 광주 등 폭염 하면 떠오르는 주요 도시가 아닌, 서울이 첫 발령지가 된 것이죠. 이 역시 처음 있는 일이었습니다. 그렇게 이른 더위를 겪은 후 역대 가장 많은 수의 태풍이 한반도를 찾아왔습니다. 2019년 한 해 바다에서 만들어진 태풍의 수만 29개에 달합니다. 이 중 일곱 개의 태풍이 한반도에 영향을 미쳤습니다. 이는 근대 기상 업무를 시작한 1904년 이후 가장 많은 수라고 합니다.[2]

이른 더위와 가을 태풍에 이어 2019년에서 2020년으로 이어지는 겨울도 '예외투성이'였습니다. 2020년은 시작부터 이상 현상이 찾아온 것인데요. 2019년 남태평양 바다가 계속해서 뜨거운 열을 품고 있어 가을태풍이 늦게까지 다수 만들어졌는데 그렇게 바다가 달궈지다 보니 이듬해 겨울 역시 전에 없이 따뜻했습니다.

통상 우리나라 겨울의 평균기온은 0.6℃였습니다. 물이 얼을락 말락 할 정도였는데, 지난겨울은 이보다 2.5℃나 따뜻했죠. 최고기온 역시 평년보다 2.2℃ 높았습니다. 특히, 우리가 덜 추웠다고 느끼는 기준이 될 수 있는 최저기온은 평년보다 무려 2.8℃나 높았고요. 자연스레 한파 일수도 채 하루가 되지 않았습니다.

'이상'이 '일상'이 되다

극한 기상 현상이 빈번해지고 이상(異常)이 일상(日常)이 되어버린다면 당장 우리 삶의 질이 악화할 수밖에 없습니다. 이런 변화는 누군가에게는 그저 조금 '불편한 일'일 수도 있겠지만 또 어떤 이들에게는 생존과 직결된 문제일 수 있습니다. 기후위기가 생계와 연관되는 문제로 여겨질 수 있는 겁니다.

모두가 '기후변화를 막아야 한다', '기후위기 문제가 심각하다'라고 생각은 하지만 어떻게 막아야 할지, 얼마나 심각한 문제인지는 제대로 인식하지 못하고 있는 게 현실이에요. 우리의 관심이 거기까지 미치지는 못하는 거죠. '기상'과 '기후'조차 구분하지 못하는 사람이 많은 걸 보면 아직 이 분야에 대한 관심이 깊지 못한 게 아닌가 합니다.

초대 국립기상과학원장을 지낸 조천호 박사는 기상과 기후의 차이를 이런 비유로 설명해요. "기상(날씨)이 기분이라면 기후는 성품과도 같다." 날마다, 또 하루 중에도 우리의 기분은 늘 달라지잖아요. 때로는 좋기도 하고 때로는 나쁘기도 하죠. 기분의 변화처럼 기상의 변화는 당연한 일입니다. 그렇지만 기후는 전혀 다른 것이에요. 사람으로 치면 '성품'에 비유될 수 있는 거죠. 기분이 바뀌는 것이야 이해할 만한 일이지만 성품이 변한다면 어떻겠어요? 좋은 성품이 한결같이 유지되어야 좋은 사람이라 인정받듯 기후 또한 지속성을 갖는다는 설명입니다.

일례로, 한반도의 사계절을 들어볼까요. 우리는 지금까지 한반도의 날씨 변화에 적응해 문화를 만들고 산업을 일구고 경제를 운영해왔습니다. 그런데 폭염 경보가 1년 내내 이어진다면 어떻게 될까요. 더는 사계절이 없는 나라, 즉 열대우림이나 사막에 둘러싸인 나라가 되겠죠. 따라서 건물을 지을 때도 이전과는 다르게 지어야 할 거예요. 보온보다 통풍이나 환기에 더 효율적인 형태로 짓게 되겠죠. 건물만이 아니에요. 기후가 달라지면 우리의 밥상도 달라질 겁니다. 이렇듯 기후변화는 우리의 일상에 깊은 영향을 끼쳐요. 그러므로 지금이라도 기후변화 문제에 관심을 가져야 하고, 새로운 삶의 방식으로 거기에 대응해야 합니다.

기온이 1.5℃ 오르면 무슨 문제가 생길까요?

0.5℃ 차이에 갈리는 생존

우리는 어떤 경우에 1~2℃ 온도 차이의 중요성을 체감할까요? 이를테면 우리의 정상 체온은 36.5℃이고 만약 38℃를 넘으면 해열제를 먹습니다. 또 -1℃에서 얼어붙었던 물이 1℃에선 녹고, 98℃에선 보글거리기만 하던 물이 100℃에선 펄펄 끓으며 수증기가 뿜어져 나오죠. 그런데 대기의 온도, 즉 기온을 이야기할 때는 그 차이를 체감하기가 쉽지 않습니다. 25℃와 26.5℃의 차이를 체감하거나 인식하는 사람은 거의 없을 겁니다.

이렇게 체감하기도 어려운 기온 상승 수준을 놓고 지구촌이 시끌시끌합니다. 세계 각국의 대표가 모여 회의를 하고 과학자들은 기후위기를 풀어보려 머리를 맞대고 연구하죠. 그 결과 기후변화에 관한 정부 간 협의체인 IPCC(Intergovernmental Panel on Climate Change)가 1988년에 설립되었고, 2018년 지구 평균기온의 상승폭을 산업화 이전 대비 1.5℃ 이내로 묶자는 결정을 내렸습니다.

지구의 기온이 상승한 배경엔 인간의 활동이 있습니다. 말 그대로 온갖 종류의 활동이 지구를 뜨겁게 만드는 데 일조했죠. 요리를 하고 옷을 만들고 집을 짓는 기본 활동부터 그렇습니다. 작물을 재배하고, 배를 타고 나가 물고기를 잡고, 목장에서 가축을 키우는 등 모든 행위가 광물 연료나 전기를 씁니다. 연료를 태우는 일은 곧 탄소를 배출하는 일이고, 전기 역시 석탄 화력발전을 통해 생산하는 양이 가장 많기 때문에 전기 사용은 결국 탄소를 내뿜는 일이죠.

우리가 흔히 온실가스를 줄이자고 말하는데요, 이는 탄소를 줄이자는 말과 거의 같습니다. 인간의 인위적 활동으로 인해 배출되는 온실가스 대부분이 탄소이다 보니 온실가스 감축은 곧 탄소 감축으로 일컬어지죠. 그런데 온실가스를 줄이는 일은 어째서 미래를 생각하는 일일까요?

IPCC의 연구 보고에 따르면, 배출된 이산화탄소는 200년 동안 대기 중에 남습니다. 오늘 내가 뿜어낸 이산화탄소가 무려 200년 후에도 지구상에 남아 있게 된다는 거죠. NASA(미국 항공우주국)는 훨씬 더 오래 남는다는 의견도 내놨는데요. NASA 제트추진연

구소의 앨런 뷔스(Alan Buis)는 "대기에 한번 뿜어져 나오면 이산화탄소는 300~1000년을 머물게 된다"라고 말합니다. "이산화탄소를 뿜어냄으로써 만든 변화가 여러 세대를 거치며 영향을 미치게 된다"라는 것이죠.[3] 우리가 '백년대계(百年大計)'라 일컫는 교육 정책만큼이나 온실가스 감축 역시 긴 호흡으로 준비하고 실천해야 하는 이유입니다. 2020년 문재인 대통령이 '2050년 탄소중립 선언'을 한 것도 이런 맥락에서죠.[4]

국제사회가 처음으로 지구 평균기온 상승폭의 제한과 관련한 논의를 했을 때 과학자들은 산업화 이전 시기의 평균기온보다 2℃만 넘지 않으면 될 것으로 내다봤습니다. 그런데 더 많은 연구와 시뮬레이션을 해보고 나서는 상승폭을 1.5℃ 이내로 줄이지 않으면 안 된다는 결론을 얻었습니다. 언뜻 0.5℃ 차이는 별것 아닌 듯 보입니다. 그러나 이 작은 차이가 우리의 미래를 크게 바꿔놓을 수 있음을 오른쪽 표 〈기후변화와 리스크(위기)〉를 통해 확인할 수 있습니다.

지구 평균기온의 상승폭을 산업화 이전 대비 1.5℃ 이내로 묶느냐, 2℃ 이내로 묶느냐 하는 문제는 아주 중요합니다. 불과 0.5℃의 차이가 가져오는 결과가 너무나도 다릅니다. 이 가운데 기온, 멸종 위험, 해수면 상승이라는 세 가지 측면을 살펴보겠습니다.

먼저 기온입니다. 평균기온으로만 봤을 때는 불과 0.5℃ 차이지

기후변화와 리스크(위기)

자료: IPCC, 에너지경제연구원, 2020

구분	1.5℃	2℃
생태계 및 인간계	높은 위험	매우 높은 위험
중위도 폭염일 기온	3℃ 상승	4℃ 상승
고위도 한파일 기온	4.5℃ 상승	6℃ 상승
산호 소멸	70~90%	99% 이상
기후 영향 인구 빈곤 취약 인구	–	2050년까지 최대 수억 명 증가
물부족 인구	–	최대 50% 증가
육상 생태계	중간 위험	높은 위험
서식지 절반 이상이 감소될 비율	곤충 6%, 식물 8%, 척추동물 4%	곤충 18%, 식물 16%, 척추동물 8%
다른 유형의 생태계로 전환되는 면적	6.5%	13.0%
대규모 특이 현상	중간 위험	중간-높은 위험
해수면 상승	0.25~0.77m	0.30~0.93m
북극 해빙 완전 소멸 빈도	100년에 한 번	10년에 한 번
그외	· 대부분 지역에서 평균기온 상승 · 대부분의 거주 지역에서 극한 고온 현상 · 일부 지역에서 호우 및 가뭄 증가 · 북반구, 고위도 고지대 동아시아, 아메리카 등 폭우	

1~1.5℃ 상승
멸종 위험 2~3배
약 10cm 차이로 해수면 상승 위험 인구가 1000만 명 차이만 폭염과 한파가 찾아왔을 때는 그 차이가 더욱 벌어집니다. '산업화 이전 대비 평균 1.5℃ 상승' 상황에서 폭염일의 기온은 3℃가, '산업화 이전 대비 평균 2℃ 상승' 상황에선 4℃가 오릅니다. 한파가 찾아오는 날의 기온은 불과 0.5℃의 차이로 4.5℃ 오르느냐, 6℃ 오르느냐가 갈리게 됩니다.

둘째로 멸종 위험도 높아집니다. 서식지 절반 이상을 잃어버리는 곤충의 비율은 3배, 식물과 척추동물은 그 비율이 2배나 되고, 다른 유형의 생태계로 전환되는 면적도 2배나 됩니다. 이 작은 0.5℃ 차이로 지구촌 1000만 명이 바닷물에 침수될 운명으로 뒤바뀔 수 있는 거예요. 해안가에 사는 사람들에겐 정말이지 '생존권'이 달린 문제인 셈이죠.

또한 해수면 상승이라는 면에서 봐도 그 차이가 큽니다. 불과 0.5℃ 차이로 해수면 상승폭이 10센티미터나 달라집니다. 해수면 상승으로 이웃 나라 일본이 위협받는다는 이야기는 이따금 들어보았을 겁니다. 이와 함께 우리 시민 다수는 '한국이야 안전하지'라고 막연히 생각하고 있죠. 지난해 국제 기후변화 연구 단체인 '클라이밋 센트럴(Climate Central)'은 북극의 해빙이 녹아내리는 상황을 분석해 대한민국을 포함한 전 세계 135개 국가가 입을 피해를 시뮬레이션해 그 결과를 공개했는데요, 그 결과가 가히 충격적이었습니다.

지금처럼 온실가스를 내뿜는다면, 앞으로 30년 후인 2050년에는 해마다 전 세계에서 3억 명이 침수 피해를 입게 된다고 합니다. 우리나라는 2050년 130만 명, 2100년 280만 명이 해마다 침수 피해를 입을 걸로 예상됐습니다.[5]

이 데이터에 기반해 국제 환경단체 그린피스는 다시 한번 한국의 상황을 시뮬레이션했습니다. 그 결과 한국에선 당장 10년 후에 332만 명이 침수 피해를 입을뿐더러 우리나라 국토의 5퍼센트 이상이 물에 잠길 것으로 나타났죠.[6] 인천공항 같은 중요 시설이 물에 잠길 수도 있다는 겁니다.

기후변화로 위협받는 '한국인의 밥상'

기후변화는 생태계의 변화로 이어지고, 생태계의 변화는 당장 인간의 관점에선 식생활의 변화를 의미하기도 합니다. 정부 각 부처 및 연구기관이 모여 펴낸 〈한국 기후변화 평가 보고서 2020〉[7]은 어떤 변화가 나타날지를 구체적 수치로 보여줍니다.

한국인은 '밥심'으로 산다고 하죠. 실제로 쌀은 우리 식생활에서 큰 비중을 차지해요. "21세기 말, 국내 벼 생산성은 25퍼센트 넘게 떨어진다"라는 것이 전문가들의 연구 결과입니다.[8] '아니 날이 더 더워지면 벼가 쑥쑥 빨리 자라나 좋지 않을까' 하고 생각할 수 있지만 실상은 그렇지 않아요. 벼가 지나치게 빨리 자라거나 과도하게 자라면서 우리가 먹을 수 있는 '정상립(정상적인 쌀알)'의 비율은 현재의 70퍼센트에서 20퍼센트대로 도리어 낮아집니다.

땅에서 나는 곡물만이 문제가 아닙니다. 바다에서 잡히는 물고기도 수온이 올라감에 따라 양이 줄어듭니다. 그런데 앞서 이야기한 쌀의 생산 감소가 '미래'의 이야기라면, 당장 연근해어업의 생산량 감소는 이미 시작된 '현재진행형'의 이야기입니다. 1980년대 이후 우리 바다에서 잡히는 물고기의 양은 줄곧 급감했습니다. 1980년대에는 연근해어업 생산량이 152만 톤이었던 반면 2016년 6월에는 93만 톤으로 1980년대의 61.2퍼센트 수준입니다.[9]

이런 가운데 우리나라는 식량자급률도 점차 낮아지고 있어요. 우리가 아무렇지 않게 먹는 음식이 알고 보면 대부분 수입산이라는 이야기죠. 그 가운데 '밀'은 1퍼센트대의 자급률마저 깨지고 말았습니다. 수입산 밀이 없이는 이제 빵도, 라면도, 과자도, 부침개도 먹을 수 없는 것이 우리의 현실입니다.

기후위기는 곧 식량 안보의 위기

글로벌 회계·경영 컨설팅 업체인 PwC(PricewaterhouseCoopers)와 네덜란드 은행 라보방크, 싱가포르의 국부펀드 테마섹(Temasek)은 이 같은 위협에 대비하기 위해 〈아시아 식량 도전 보고서〉를 펴냈습니다. 이들은 보고서에서 "아시아는 식량자급이 불가능하다"라며 높은 수입 의존도를 지적했습니다. 아시아에서 지난 2019년 식량을 사는 데 쓴 돈은 무려 4조 달러에 달합니다. 2030년엔 8조 달러를 넘어설 전망이고요.[10]

'요즘 같은 자유무역 시대에 수입이 대수냐'라고 말할 수도 있어요. 하지만 기후위기 측면에서 보면 이는 곧바로 '식량 안보'의 문제로 이어집니다. 기후변화로 식량 생산량이 줄어드는 것은 '만국 공통'의 문제이니만큼 지금은 식량 수출에 적극적인 나라들도 나중에는 자국 내의 필요에 따라 수출을 줄일 수 있는 거죠. 그러면 식량을 수입하던 우리나라에서는 공급이 부족해져 가격이 오를 거예요. 이는 곧 우리 밥상의 질, 생활의 질, 나아가 생존권까지 위협하는 상황을 만들 수 있습니다.

사실 식량 문제는 먼 미래의 일이 아닙니다. 이미 식량 문제를 겪는 나라가 적지 않아요. 유엔세계식량계획이 발표한 〈2019 기아 지도(Hunger Map 2019)〉에 따르면 현재 영양 부족 인구의 비율이

2019 기아 지도

자료: 유엔세계식량계획

국내실향민 지도

자료: 유엔국제이주기구

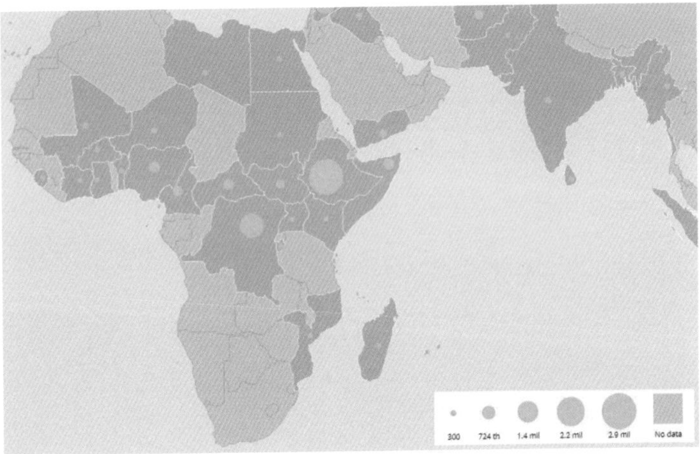

가장 높은 곳은 아프리카 대륙의 마다가스카르, 말라위, 우간다, 잠비아, 중앙아프리카, 짐바브웨, 차드, 콩고(이상 가나다 순), 그리고 북한과 아이티로, 기아 인구 비율이 35퍼센트를 넘습니다. 전체 인구에서 25~34.9퍼센트가 영양 부족을 겪는 곳도 많습니다. 나미비아, 모잠비크, 보츠와나, 아프가니스탄, 예멘, 이라크, 케냐, 탄자니아 등등인데, 대다수가 중동·아프리카 지역에 밀집되어 있습니다.

유엔국제이주기구에서 내놓은 〈국내실향민 지도〉에서도 위기의 징후를 읽을 수 있어요. '국내실향민'이란 내전이나 테러 집단 간의 충돌로 갈등과 폭력 사태가 빚어져 자신이 나고 자란 동네를 떠나야 했으나 국경을 넘어 다른 나라로는 피난 가지 못한 사람들을 의미하는데요. 세계식량계획의 〈2019 기아 지도〉에서 붉게 물든 지역과 〈국내실향민 지도〉의 큰 동그라미 지역이 거의 일치하는 모습을 보입니다. 왜일까요? 안정적 식량 공급은 각 나라의 경제적·정치적 안정도를 간접적으로 보여주는 지표라는 뜻이죠. 경제적·정치적 안정도가 낮을수록 이주자가 늘어나는 것이고, 이주자 대다수는 난민이 됩니다.

기후변화가 가속화한다면 어떻게 될까요? 〈2019 기아 지도〉에서 노란색으로 표시된 곳은 주황색으로, 주황색으로 표시된 곳은 빨간색으로 바뀔 겁니다. 〈국내실향민 지도〉에선 파란색 동그라

미의 크기가 더 커지고요. 아프리카에서 유럽으로 향하는 난민이 늘어났듯이, 언젠가는 아시아에서도 아프리카와 유사한 상황이 벌어질 가능성이 있는 겁니다. 2019년 호주 국립기후복원센터가 펴낸 보고서 〈실존적인 기후 관련 안보 위기: 시나리오적인 접근〉이 경고하는 것처럼, 더 심각한 경우에는 "인류 문명 자체가 그 끝을 맞이할 수 있"습니다.[11]

고작 0.5℃ 차이가 가져올 문제는 이렇게 우리 식생활에 대단히 큰 영향을 줍니다. 단순히 '오늘 이 메뉴 먹고 싶은데 다른 메뉴를 먹을 수밖에 없는' 문제가 아닌 것이지요. 내전과 전쟁까지 불러올 수 있는 심각한 인권 문제이자 식량 안보와도 직결된 문제임을 잊지 말아야 합니다.

기후위기 대응이 사회 갈등을 불러일으킨다고요?

기후변화는 경제 조건까지 뒤흔든다

우리의 일상생활과 행동 또한 기후변화에 밀접하게 영향을 받습니다. 지구가 심하게 더워지거나 극한으로 내려가는 이상기후 현상이 자주 발생한다면, 그 변화가 결국에는 우리의 '노동권'까지 침해할 수 있습니다. 직무 환경의 불확실성이 커지면서 안전과 효율 측면이 모두 위협받는 거죠.

2017년 IMF(International Monetary Fund, 국제통화기금)는 우리의 경제적 삶이 기후변화에 어떤 영향을 받는지 조사해 그 결과를 〈IMF 세계경제전망 보고서〉에 지도로 담아 발표했는데요.[12] 기온이 1℃ 오를 때 1인당 GDP(국내총생산)가 얼마나 달라지는지 따져본 내용입니다. 녹색이 짙을수록 GDP 증가를, 붉은색이 짙을수록 감소를

평균기온 1°C 상승이 1인당 GDP에 미치는 영향

자료: IMF, 2017

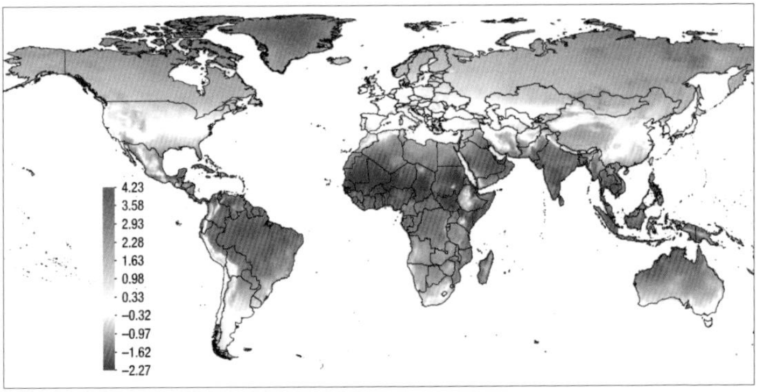

의미합니다.

만년설, 영구동토층 등 사시사철이 꽁꽁 얼어붙는 '겨울'인 북반구의 일부 지역은 기온 상승이 양(+)의 효과를 가져옵니다. 하지만 그 밖의 지역은 기온이 오를수록 GDP가 줄어들죠. 특히, 이미 경제적으로 어려운 처지에 놓인 남미와 아프리카, 중동, 남아시아 지역은 그 타격이 더욱 클 것으로 전망되었습니다.

IMF는 특히 농업과 임업, 광업, 제조업, 건설업, 운송업 등을 기온 상승으로 악영향을 받는 분야로 꼽았습니다. 이들 업종이 경제에서 차지하는 비중이 큰 나라일수록 기온 상승에 더 큰 영향을 받는다는 이야기예요. GDP 변화는 일반적으로 한 나라의 경제 상황 변화를 의미하고, 이는 곧 개별 시민들의 삶의 질이 달라진다

'미래 기후 시나리오'에 따른 국가별 낙후 지역의 노동생산성 저하

자료: IMF, 2019

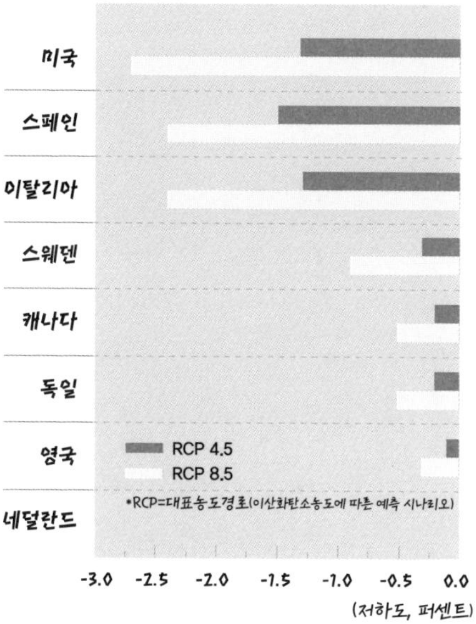

는 뜻이죠. 그리하여 삶의 질이 위협을 받는다면 그것이야말로 우리의 인권에 직접적 영향을 미치는 일이 될 겁니다.

그럼 선진국은 상황이 좀 나을까요? 썩 그렇지도 않습니다. 선진국이라 할지라도 지역에 따라 노동생산성 격차가 벌어질 수 있다는 것이 〈IMF 세계경제전망 보고서〉의 분석 결과입니다. 도표 〈'미래 기후 시나리오'에 따른 국가별 낙후 지역의 노동생산성 저하〉를 한번 볼까요? 이 그래프를 이해하려면 우선 RCP(Representative

Concentration Pathways, 대표농도경로) 개념을 알아야 하는데요. RCP란 간단히 말하자면 '이산화탄소 농도에 따른 예측 시나리오'를 뜻합니다. 이를테면 'RCP 4.5'란 '향후 온실가스 저감 정책이 상당히 실행되는 경우'를 의미하고, 'RCP 8.5'란 '지금처럼 온실가스를 계속해서 뿜어내는 경우'를 가리켜요.

이 그래프는 우리가 지금처럼 온실가스를 계속해서 뿜어댄다면 미국이나 유럽의 주요 선진국이라 할지라도 자국 내 낙후 지역의 노동생산성은 2~3퍼센트포인트까지 떨어질 수 있음을 의미합니다. 기후변화로 인한 기온 상승이 나라 간 양극화뿐 아니라 국가 안에서 지역 간 양극화도 심화할 수 있다는 뜻이죠. 그리고 이러한 양극화 심화가 사회 전반의 갈등을 키우는 요소로 작용할 수 있으며 그것이 궁극적으로는 개인의 삶의 질을 떨어뜨리게 됩니다.

기후위기와 탄소 예산

자연이, 지구가 품어줄 수 있는 탄소의 양에는 분명한 한계가 있습니다. 그래서 탄소를 하나의 '예산' 개념으로 보고 실제로 그 가치를 계산해보기도 합니다. 이를 일컬어 '탄소 예산(Carbon Budget)'이라고 부르죠. 이 또한 '탄소 예산' 그래프와 함께 살펴볼까요.

'탄소 예산' 그래프

자료: 카본브리프, 2021

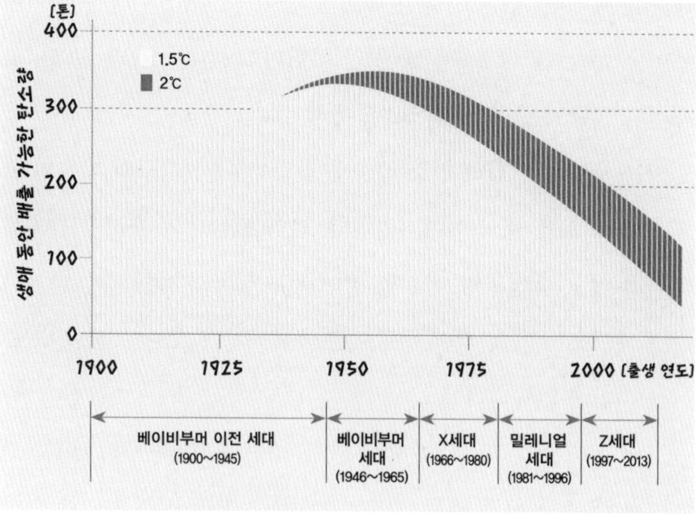

영국의 기후변화 시민단체 '카본브리프'는 출생 연도에 따라 뿜어낼 수 있는 탄소 배출량을 계산해 '탄소 예산' 그래프를 만들었습니다. 초록색 부분은 산업화 이전 대비 2℃의 상승폭을 유지한다는 가정하의 예산이고, 노란색 부분은 1.5℃ 상승 시나리오상의 예산입니다.

기온 상승폭을 낮추려면 뿜어낼 수 있는 탄소의 양을 줄일 겁니다. '탄소 예산' 그래프가 급격한 하향세를 보이는 까닭이지요. 요컨대 "아이들은 조부모 세대가 뿜어온 것보다 8분의 1 수준밖에 못 뿜어내는 상황"이라는 것이 카본브리프의 분석 결과입니다. 밀레니얼 세대의 경우, 이들이 뿜어낼 수 있는 탄소의 양은 베이비부머 세대의 3분의 2 수준밖에 안 됩니다. Z세대는 그런 밀레니얼 세대의 절반 수준밖에 뿜어내질 못하고요.

이는 우리가 열심히 탄소 배출량 감축에 나서 지구의 기온이 크게 오르지 않을 때의 이야기입니다. 만약 오늘날의 우리가 감축에 나서지 않고 흥청망청 탄소를 뿜어댄다면 미래 세대에게 남겨질 탄소 예산은 현재의 절반 수준으로 줄어들거나 그보다 훨씬 더 줄어들 수밖에 없습니다.

그저 줄어들기만하면 다행일 텐데, 태어난 후 탄소를 배출하기는커녕 '흡수'해야만 하는 의무가 주어질 지경이 될 수도 있습니다. 그래프가 음(-)의 값을 나타낸다면 말이죠. Z세대 입장에선 자신보다 훨씬 풍족한(혹은 미래를 내다보지 못하고 그저 마구 뿜어낸) 탄소 예산을 쓴, 혹은 갖고 있는 선배 세대들을 원망할 수 있고, 급기야 그 분노가 세대 갈등을 빚을 수도 있겠지요.

과거 사람들은 자신들이 하는 일이 미래에 어떤 영향을 미칠지 잘 몰랐습니다. 사실 현재를 사는 우리들도 마찬가지죠. 결국 중요한 것은 소통과 공감, 공동의 노력입니다. 선배 세대의 노력 덕분에 지금의 우리는 더 발달한 여러 기술을 누리고 있어요. 하지만 그 과정에서 의도했든 의도하지 않았든 온실가스를 내뿜어, 결과적으로는 선배 세대가 후배 세대에게 큰 부담을 지우게 되었습니다. 일단은 이 점을 인정하는 것이 중요하겠죠. 그리고 이제는 예견되는 문제를 막기 위해 선후배 세대가 함께 어떤 노력과 행동을 기울일지 고민하는 것이 기후위기 대응의 출발점입니다.

기후위기와 세대 갈등

기후위기를 뚫고 나가는 데 그 무엇보다 소통과 공감이 중요한 것은 자칫 '기후변화 대응' 노력 자체가 인권을 위협하는 일이 될 수 있어서 그렇습니다. 프랑스의 사례를 살펴볼까요. 2018년 연말 프랑스 전역을 뒤흔든 대규모 집회가 있었습니다. 일명 '노란 조끼' 집회입니다. 프랑스에선 혹시 모를 사고에 대비해 모든 자동차가 이 노란 조끼를 의무적으로 차량 내에 두도록 하고 있습니다. 그런데 시민들이 이 조끼를 차에서 꺼내 입고 거리로 나온 겁니다.

이들이 조끼를 꺼내 입은 건 정부의 '탄소세' 도입 때문이었습니다. 더 정확히 말하면 탄소세의 '사려 깊지 않음'이 이유였습니다. 에마뉘엘 마크롱 프랑스 대통령은 기후변화에 적극 대응하고자 유류세를 높이겠다는 계획을 내놨습니다. 기름을 태워 움직이는 자동차에 세금을 더 붙여 책임을 묻겠다는 거죠. 탄소를 배출하는 일에 이처럼 세금을 붙이는 것, 이를 '탄소세'라 합니다.

문제는 인상의 '비율'이었습니다. 이 비율이 갈등의 단초를 제공한 거예요. 먼저 디젤은 23퍼센트, 가솔린은 15퍼센트를 각각 인상하고, 해마다 조금씩 추가로 높인다는 것이 프랑스 정부의 방침이었습니다.[13] 그런데, 여기에 가장 큰 타격을 입는 이들은 다름 아닌 소시민이었습니다. 높은 파리의 집값과 월세를 감당하기 어려워 교외로 나간 시민들은 자동차로 출퇴근을 할 수밖에 없었고, 이들은 작지만 실용적인 '디젤 해치백' 타입 자동차를 주로 이용했습니다. 또한 자동차를 생계 수단으로 이용하는 상용차 또는 화물차 운전자들 역시 모두 디젤을 쓰는 사람들이었죠. 이런 상황에서 유류세 인상 자체도 이들의 삶엔 큰 타격을 입히는데, 디젤 유류세의 인상률이 가솔린보다 더 높게 책정되다 보니 이들에겐 정부의 정책이 가혹하게 느껴질 수밖에 없었던 겁니다.

우리나라 역시 이러한 상황에서 자유롭긴 어렵죠. 기름 한 방울 안 나는 나라에서 자동차는 석유를 사용하고, 석탄 한 톨 캐지 않는 나라에서 석탄 화력발전이 가장 큰 발전 비중을 차지하는 상황이니까 말이죠.

이런 정책은 우리 사회의 다양한 요소에 영향을 미치게 됩니다. 예컨대 유류세 인상은 단순히 자동차 운전자에게만 부담을 전가하는 게 아니고, 기름을 쓰는 각종 제조업에도 영향을 미치겠죠.

결국 우리가 매일같이 사서 쓰는 물건의 가격도 오를 수 있습니다. 최근 우리나라에서 온실가스 감축을 위해 추진 중인 전기요금 인상 역시 마찬가지입니다. 전기는 수많은 공장에서 쓰고 있으니 그 요금이 오르면 생산물의 가격도 덩달아 오르겠죠.

물론 그렇다고 무조건 지금의 가격을 유지하는 것이 정답은 아닙니다. 사실 유럽의 시민들이 우리나라 시민들보다 더 지구를 아껴서, 기후변화의 심각성을 더 잘 알아서 겨울철에 실내에서 전기 난로를 켜는 대신 두꺼운 옷을 챙겨 입는 게 아닙니다. 전기요금이 워낙 비싸다 보니 '그 값을 지불하기보다는 옷을 두텁게 입는 것이 낫다'라는 합리적 판단에 따른 행동인 거죠.

기후변화에 대응하고자 전기요금을 인상한다 하더라도 이를 감당하기 어려운 사람들을 위한 대책을 먼저 마련해야 합니다. 또한 탈석탄·탈내연 기관의 사용으로 관련 산업계가 우리 시대와 안녕을 고하는 시간이 다가온다면 지금까지 그 분야에 종사하던 노동자에겐 어떤 대안을 제시할 것인가도 온 사회가 함께 고민해야 합니다. 정부가 정책을 결정해 실행하는 과정에선 '적정선'을 찾는 것이 중요하죠. 다양한 시민의 목소리와 형편을 두루 아우를 수 있고, 본래 정책이 꾀하던 효과를 얻을 수 있는 그 선 말입니다. 이런 적정선은 어떻게 찾을 수 있을까요. 시민사회와 정부, 산업계의 합리적 소통을 통해서만 가능할 겁니다.

코로나19와 기후위기, 왜 함께 이야기해야 하나요?

코로나19로 다시금 드러난 기후위기의 위험성

2020년 한 해를 뒤흔든 전 세계적 사건이 있습니다. '코로나19 팬데믹'입니다. 신종 감염병의 등장은 당장 우리의 생존권을 위협하는 문제입니다. 치료를 하려 해도 약이 없고 예방하고자 해도 백신이 없는 상태에서, 즉 무방비 상태로 큰 혼란을 겪어야 하기 때문이에요.

이 감염병의 유행 역시 기후위기와 무관하지 않습니다. 기후변화에 따른 생태계의 교란이 우리가 이전에 본 적 없는 감염병을 불러올 수 있어요. 코로나19가 세상에 나오기 전부터 많은 전문가가 이를 경고해왔죠. 코로나19가 우리나라를 비롯해 전 세계를 휩쓸기 10여 년 전인 지난 2009년 한국보건사회연구원의 김동진 당시 선임연구원은 "기후변화로 날로 증가하는 기후변이성이 매개체에 의한 전염성 질환에도 영향을 미칠 수 있다"[14]라고 지적한 바 있습니다.

코로나19는 박쥐에서 인간으로 바이러스가 옮겨와 심각한 문제를 일으켰죠.[15] 기후변화 자체가 새로운 질병이나 관련 바이러스를 만들어내는 것은 아닐지 몰라요. 하지만 환경에 커다란 변화를 일으키는 건 분명합니다. 그 변화로 인해 생태계 속 숙주, 매개체, 병원체가 상호작용을 하던 연결고리가 예상치 못한 방식으로 이어질 수 있는 겁니다.

예를 들어 이야기하자면 이렇습니다. 기후변화로 기온이 높아지면 모기의 수가 늘어나는데, 이 모기는 생태계 상호작용에서 '매개체' 역할을 합니다. 기온이 오름에 따라 이런 매개체가 늘어나는 것이고, 또 병원균의 개체 수도 증가하겠죠. 기후변화로 장마가 거의 사라져 비를 볼 수 없게 된다면 또 다른 매개체인 쥐의 서식지에 변화가 올 거예요. 그러다 갑작스럽게 폭우가 쏟아지면 넘쳐나는 홍수로 인해 우리가 식수로 쓰는 물이 쥐의 배설물에 오염되기가 더 쉬워집니다.

또한, 흔히 동남아시아 지역의 풍토병으로 여겨지던 질병이, 기후변화로 기온이 상승하면 우리나라 같은 중위도 지역까지 번질 가능성이 큽니다. 이러한 우려에 따라 2005년에 이미 우리나라 환

매개체 관련 질병 전파에 대한 기후요소의 영향

자료: IPCC, 2001

기후 요인	곤충	병원균	척추동물(쥐)
기온 증가	· 생존력 감소 · 일부 병원체의 생존력 변화 · 개체 수 증가 · 사람과 접촉 증가	· 부화율 증가 · 전이계절 증가 · 분포 증가	· 따뜻해진 겨울은 쥐의 생존에 유리
강수량 감소	· 더러운 물이 고여 있어 모기가 알을 낳을 곳이 증가 · 지속된 가뭄으로 달팽이 수 감소	· 영향 없음	· 먹이의 감소로 개체 수 감소 · 사람 주변으로 이동하며 접촉 기회 증가
강수량 증가	· 개체 수의 질과 양이 증가 · 습도 상승으로 인한 생존력 증가 · 홍수에 의한 서식지 제거 기능	· 직접적 영향에 대한 증거 없음 · 일부 자료에 의하면 말라리아 병원균이 습도와 관계있음	· 먹이의 증가로 개체 수 증가 가능성이 있음
홍수	· 홍수는 매개체의 서식지와 전이에 변화를 초래 · 서식지를 쓸어내림	· 영향 없음	· 동물의 배설물에 오염될 수 있음
해수면 상승	· 홍수가 소금물에서 알을 낳는 모기가 많아지는 것에 영향을 줌	· 영향 없음	· 영향 없음

경부는 '법적 전염병 환자 발생 추이와 기후변화의 관련성'을 분석해놓았는데요. 기후변화와 관련성이 높은 전염병으로 말라리아, 쯔쯔가무시, 세균성 이질, 신증후군출혈열, 렙토스피라증, 발진열, 뎅기열, 리슈마니아증, 비브리오패혈증 등이 꼽혔습니다.[16]

국립수의과학연구원의 정석찬 연구관도 기후변화와 감염병의 연관성에 주목했습니다. 그는 2011년 "최근 사람에서 사스, 신종플루 등 신종 전염병이 세계적으로 발생되고 있으며, 최근 사람에서 발생한 신종 전염병 중 75퍼센트 이상이 동물에서 유래하는 인수공통전염병이다. 특히 이들 병원체는 새로운 환경 변화에 적응하는 특성을 나타내고 있다"[17]라고 지적했습니다. 기후변화를 부추기는 산림자원의 훼손, 과도한 경작 행위 등으로 모기나 쥐와 같은 매개체의 번식이 늘어나는 반면 화학물질 오염으로 인해 우리 인간이나 다른 숙주 동물의 면역 기능은 약해진다는 이야기입니다.

인간·동물·자연 모두가 하나로 연결된 '원 헬스'

인간만 생각하는 접근법으로는 신종 감염병에 대응할 수 없습니다. 인간과 동물 그리고 자연환경이 하나로 연결되어 있다는 '원

헬스(One Health)' 개념이 필수입니다. 생태계 전반에 대한 복합적 접근이 필요하다는 것이지요. 인간만 생각해서도 안 되고 동물만 생각해서도 안 됩니다.

또 이런 고민에 과학자만 참여해 답을 얻을 수도 없어요. 시민 사회와 정부는 물론이고 과학계만이 아니라 다양한 학계가 공동의 노력을 기울여야 합니다. 이를 일컬어 '다학제적 접근'이라고 하는데요. 바로 이것이 '원 헬스' 개념의 핵심입니다. 인간이 어떤 결정 및 행동을 할 때 그것이 동물과 자연환경에 미칠 영향까지 충분히 생각해야 한다는 뜻입니다.

사실 이것은 결코 쉽지 않은 일입니다. 매우 많은 요소를 동시에 고려해야 하기 때문에 예기치 못한 '구멍'이 나타날 수 있죠. 건강보험심사평가원 정책 동향지에 실린 기고문에서 천병철 고려대학교 의대 교수 또한 그 점을 지적했습니다. "새로운 감염병의 출현이나 기존에 있던 감염병의 재유행 등은 생태계의 변화에 민감하기 때문에 인간이 지구 생태계 내에서 생존하는 한 새로운 인수공통전염병의 위협은 계속될 수밖에 없다"[18]라고요.

그렇다면 우리의 행동은 과연 어떤 변화를 부를까요? 그 변화는 어떻게 신종 감염병으로 이어질까요? 미국의학원(Institute of Medicine)은 '최근 신종 감염병이 대두되는 아홉 가지 요인'[19]을 꼽았는데, 다음과 같습니다.

① 인구 증가 및 인구구조의 변화: 인구 증가, 도시화, 노령 인구 증가, 만성 질환자 및 면역 저하자 증가 등

② 가축의 대량생산 체계: 육식 소비 증가로 대량의 밀집 가축 사육의 증가

③ 인간 행태의 변화: 성 행태의 변화, 외부 활동의 증가, 국제 여행의 증가, 약물 복용의 증가

④ 동식물을 포함한 교역의 증대: 열대 및 아열대 조류, 파충류, 포유류 등의 밀수

⑤ 기후변화: 강수, 기온의 상승, 바다의 온도와 염분의 변화 등

⑥ 생태환경의 변화: 공업화, 삼림 파괴

⑦ 보건의료 요인: 항생제 남용, 장기 이식 및 혈액제제의 사용 등

⑧ 병원체의 적응과 변화: 항생제 내성, 독성의 변화

⑨ 공중보건 활동의 감축: 훈련받은 감염병 전문가의 부족, 질병 감시 및 관리의 소홀

위의 아홉 가지 요인 중 ⑤번으로 아예 '기후변화' 항목이 있습니다만, 사실 다른 요인도 기후변화를 부추길 수 있어요. 예컨대 무분별한 도시화나 가축의 대량생산, 공업화와 삼림 파괴는 온실가스의 증가로 이어지니까요.

지금까지 살펴보았듯, 기후위기가 인권을 위협하기도 하지만 우리 인류가 지구상에 존재하는 다른 존재(동물이나 자연환경)의 권리

를 위협하기도 합니다. 그러므로 우리 인류가 자연의 권리를 존중한다면 자연도 우리의 권리를 존중해줄 겁니다. 그게 바로 '원 헬스'를 지킬 방법입니다.

기후위기 전문 기자로서 제가 일선 학교나 시민 분들과 이야기를 나눌 때 늘 받는 질문이 하나 있습니다. '우리가 당장 실천할 수 있는 것들은 무엇일까요?' 하는 질문이죠. 이미 우리는 어느 정도 답을 알고 있습니다. 불필요한 조명은 끄거나 전자 제품을 쓰고 나면 코드를 뽑아두는 것, 가까운 거리는 걷고 대중교통을 주로 이용하는 것, 물을 아껴 쓰고 재활용을 잘하는 것…….

그런데 이런 직접적 실천 못지않게 중요한 것이 또 있습니다. 우선 '알아야' 합니다. 지금 지구의 상황이 얼마나 심각한지, 내가 하는 행동과 결정이 온실가스 배출과 기후변화에 어떤 영향을 끼치는지, 무엇이 온실가스를 뿜어내는 주범인지 알아야 합니다.

그다음으로는 '나눠야' 합니다. 이렇게 알게 된 사실을 친구나 부모님과 이야기해보며 서로 의견을 나누는 것이 필요합니다. 나 혼자서는 이 거대한 지구에서 벌어지는 기후위기를 막을 수 없습니다. 주위 사람과 함께 고민하고, 그리하여 사회적 공감대가 형성됐을 때 비로소 우리의 행동이 큰 힘을 가질 수 있습니다.

그리고 '목소리를 내야' 합니다. 우리의 자발적 실천도 중요하지만 그 못지않게 정부와 기업의 행동 또한 중요하거든요. 따라서 그들을 향해 '적극적 온실가스 감축'을 요구하는 목소리를 내야 합니다. 우리가 전등을 끄는 것도 중요하지만 그 전기를 생산하는 과정에서 발생하는 온실가스를 줄이는 것은 더욱 중요한 문제니까요.

4장

젠더로 읽는 인권

한채윤

활동가이자 성교육 전문가. 섹슈얼리티와 젠더를 연구하고 있으며, 성교육과 상담가를 위한 교육 활동, 인권과 젠더 등을 주제로 한 강연과 글쓰기 작업을 지속하고 있다. 1998년 섹슈얼리티 매거진 《BUDDY》를 창간해 6년 동안 편집장을 맡았다. 2002년 한국성적소수자문화인권센터를 창립했고, 2014년에는 비온뒤무지개재단을 발족했다. 2001년부터 지금까지 서울퀴어문화축제 조직위원으로서 해마다 즐거운 축제를 꾸리는 데 힘을 보태고 있다.

남자만 군대에 가는 건 역차별 아닌가요?

성평등 이슈는 인권의 문제

모든 인간은 평등하게 태어났으며 존엄한 존재입니다. 인권은 그런 믿음을 담은 표현입니다. 그런데 지난 역사를 돌이켜보면 아주 오랫동안 여성은 남성이 아니라는 이유로 불이익과 차별을 받았습니다. 18세기에 인권이라는 개념이 생기면서 성별에 따른 차별을 줄이고자 하는 노력도 점차 활발해졌습니다. 우리나라에 성평등을 위한 적극적 노력이 국가적 차원에서 시작된 것은 1990년대 중반입니다. 그때로부터 채 30년이 안 되었는데 근래 성차별보다 역차별이 더 심하다는 이야기가 흘러나오기도 합니다. 주변에서 '남자만 군대 가는 건 역차별이야'라는 말을 들어보았을 거예요.

대한민국 국적의 남자라면 병역 의무가 있어서, 누구나 만 18세가 되면 신체검사 후 판정에 따라 군 입대를 합니다. 한창 공부하거나 일해야 하는 때 군대에서 고생하고 시간을 허비하는 데 비해 여자들은 공부하고 자유롭게 사회생활을 누린다는 점에서 남자들이 역차별을 받는다는 주장이 나오는 것이죠. 여러분의 생각은 어떤가요? 정말 역차별일까요, 아닐까요? 판단하기가 쉽지 않은 이 문제에 대해 확실하게 알아봅시다.

대한민국은 남자만 군대에 가는 나라?

먼저 역차별의 정의부터 알아볼까요? 《표준국어대사전》에 따르면 역차별이란 '부당한 차별을 받는 쪽을 보호하기 위하여 마련한 제도나 장치가 너무 강하여 오히려 반대편이 차별을 받음'을 뜻합니다. 그럼, 남자만 군대에 징집하는 제도가 역차별인지 아닌지를 판단하려면 어떻게 해야 할까요? 국가에서 여자를 더 우대하기 위해 만든 제도로 인해 역으로 남자만 군대에 가게 되었는지를 보면 되겠네요.

결론부터 말하자면, 국방부가 일정 연령대의 남성만 징집을 하는 이유는 여성을 위해서가 아닙니다. 여성이 체력적으로 남성보다 열등하기 때문도 아닙니다. 대한민국은 헌법 제39조에 기반하여 모든 국민을 군인으로 소집할 수 있는 국가입니다. 이를 '국민개병제'라고 합니다. 즉 원칙적으로는 모든 국민을 군인으로 소집할 수 있지만, 국방력의 효율적 유지를 위해 헌법의 하위 법인 '병역법'에서 정한 기준에 따라 국민의 일부를 소집합니다.

병역법에서 "대한민국 국민인 남성은 헌법과 이 법에서 정하는 바에 따라 병역 의무를 성실히 수행하여야 한다. 여성은 지원에 의하여 현역 및 예비역으로만 복무할 수 있다"[1]라고 정했습니다. 국방부가 원하는 군인의 수는 남성들만 소집하는 것으로도 충분하기 때문이죠. 군대에서 여성들을 전혀 받아들이지 않으면 그것이 성차별이 되므로 '자원하는 경우에 한하여' 군인이 될 수 있도록 관련 조항을 추가해놓은 것입니다.

국방부의 의도를 어떻게 알 수 있느냐고요? 그것은 현역으로 입대를 할지, 면제를 받을지 결정하는 신체검사의 기준이 어떻게 변화해왔는지를 보면 알 수 있습니다. 국방부는 필요한 군인의 수를 이 신체검사 제도로 조절합니다. 1980년만 해도 신체검사에서 현역 판정을 받는 비율이 45.4퍼센트 정도였지만[2] 2004년에는 처음으로 90퍼센트를 넘겼습니다.[3] 신체검사에서 등급 판정 기준이 계속 바뀌었기 때문에 이런 변화가 나타났죠. 과거엔 비염이 있어도 면제 사유가 되었지만 이제는 몸에 문신이 있거나 키가 196센티미터가 넘어도 모두 현역 판정을 받습니다. 전체 군인의 수를 과거와 같이 유지하려면 더 많은 사람이 현역으로 입대해야 하기 때문에 기준을 낮추는 것이죠.

그리고 또 한 가지, 헌법에 있는 국민의 기본 의무는 '국방의 의무'라는 점입니다. 국방의 의무에는 병역의 의무, 군 작전에 협조할 의무, 국가안전보장에 기여할 의무, 전시 근로 동원에 응할 의무 등이 포함되어 있고, 이는 국민의 의무이기 때문에 남녀노소, 즉 성별이나 연령과 상관없이 모든 국민이 지켜야 합니다. 이런 국방의 의무 중 하나가 병역의 의무입니다. 군대를 가지 않았다고 해서 헌법에 명시된 국방의 의무를 지키지 않은 것은 아니랍니다.

남자만 군대를 가는 것은 역차별에 해당하지 않습니다. 역차별의 정의에 들어맞지 않으니까요. 이는 헌법재판소 판결을 보아도 알 수 있습니다. 헌법 제39조가 국방의 의무를 모든 국민에게 부과했고, 헌법 제11조에는 평등권이 명시되어 있는데 하위 법인 병역법 제3조 제1항[4]이 병역 부과 대상을 남성으로만 한정한 것이 남성만 차별하는 위헌이 아니냐는 소송이 진행됐는데요. 헌법재판소는 2010년, 2011년, 2014년 등 이미 여러 차례 반복해서 합헌이라고 판결했습니다. 2014년에는 헌법재판소가 해당 헌법소원에 대해 재판관 전원 일치로 합헌을 결정하기도 했죠. 헌재는 "징병제가 있는 70여 개국 가운데 여성에게 병역 의무를 부과하는 곳은 이스라엘 등 극히 일부고, 남성 중심으로 짜인 현재의 군 조직에서 여성에게 병역 의무를 부과하면 상명하복과 권력관계를 이용한 성희롱 등 범죄나 기강해이가 발생할 우려도 있다"라고 이야기하며, 남성의 병역 의무를 평등권 침해로 보기 어렵다고 판단했습니다.[5]

그러나 국가가 성별에 따라 제한과 차등을 둔다는 점에서 성차별적 지점이 있다고 할 수 있습니다. 예를 들어, 예전엔 장교를 길러내는 사관학교에 여성은 입학할 수 없었습니다. 1946년에 개교한 육군사관학교의 경우 여성 입학이 가능하게 된 때는 1998년입니다. 반대의 경우도 있죠. 1951년 개교한 국군간호사관학교는 여성만 입학이 가능했다가 2012년 남성의 입학이 허가되었어요.

여성도 군인으로 복무하도록 환경이 잘 갖춰져 있을까?

앞서 설명한 대로 한국은 국민개병제 국가이므로 병역법만 개정하면 여성이든 남성이든 대한민국의 모든 국민은 만 18세 이상이 되면 신체검사를 받고 군 복무를 하는 것으로 바뀔 수 있습니다.

이런 법 개정을 하려면 먼저 국방부가 신체검사 기준을 새롭게 만들고, 군대 내의 시설 또한 남녀 모두 사용할 수 있도록 보완해야 합니다. 여성도 군대 생활을 할 수 있는 환경이 만들어져야 군에 입대할 수 있을 테니까요. 여군을 '군대의 꽃'이라 부르면서 군인이 아니라 여성으로 대하거나, 여성에게 어울리는 역할이 따로 있는 양 특정 업무만 수행하도록 한정하거나 승진에서 누락시키는 성차별이 없어져야 합니다. 또 군대 내 성폭력이 사라져야 안전하게 군 생활을 할 수 있겠지요. 그래서 지금은 과연 군대가 여성도 군인으로 복무하게 할 준비가 되어 있는가 하는 질문부터 던지는 것이 필요합니다.

인권의 관점에서 군대 문제를 다룰 때 우리는 더 넓은 시각으로 바라봐야 합니다. 여성과 남성이 모두 의무적으로 군 입대를 한다고 해서 저절로 성평등이 이루어지는 건 아닙니다. 군대가 모두에게 평등한 공간이 되려면 어떻게 해야 할까 하는 방향으로 접근해야 합니다. 군인에 대한 현재의 처우는 괜찮은지, 군대에서 사병 괴롭힘이나 학대 등의 폭력이 일어나지 않도록 어떻게 할지, 또한 병역 거부와 대체복무제 등 인권의 관점에서 다루어 개선해야 할 사안이 아주 많습니다.

트랜스젠더 여성은 여자대학에 다닐 수 없나요?

정말 트랜스젠더의 인권이 다른 이의 인권과 대립할까?

2020년 1월 뉴스를 통해 트랜스젠더 여성 A씨가 모 여대에 합격했다는 소식이 알려졌습니다. 환영하는 분위기도 있었지만 조직적인 입학 반대 운동이 있었습니다. 트랜스젠더 여성은 진짜 여성이 아니므로 여성들만 다니는 여대에 입학할 자격이 없다는 것이 반대하는 이들의 주장이었습니다. 소수자 인권 챙기려다 다른 사람들이 피해를 본다고도 했지요.

반대 목소리가 너무 커서 결국 A씨는 스스로 입학을 포기할 수밖에 없었습니다. 시험을 치르고 공정한 절차를 거쳐 합격했다면 누구든 원하는 학교에서 공부할 수 있어야 하는데도 말이죠. 정당한 자격을 가졌지만 신변의 위협을 느껴서 학교를 다닐 수 없게 된 이 사건을 우리는 어떻게 생각해야 할까요? 정말 트랜스젠더의 인권이 트랜스젠더가 아닌 사람들의 인권과 충돌한 것일까요?

이런 이슈에 대해 판단할 때는 몇 가지 사전 지식이 필요합니다. 인간의 성별에 관해 편견과 오해가 많아 답을 찾기 어려울 수 있거든요. 그래서 우선 흔히 간과되는 성별 개념에 대해 설명해보려 합니다. 간성(間性, intersex), 지정 성별(sex assignment), 성별 정체성(gender identity), 시스젠더(cisgender), 트랜스젠더(transgender)라는 용어가 나올 텐데요. 조금 어려울 수 있지만 차근차근 따라와주시겠어요?

지정 성별과 성별 정체성

우리는 태어나면 성별을 국가에 등록합니다. 주민등록번호로 국민을 관리하는 시스템이지요. 그럼 '나'의 주민등록번호가 만들어지는 과정을 한번 볼까요.

내가 태어났을 때 나를 제일 처음 본 의사 혹은 조산사가 나의 성별을 결정합니다. 의사 혹은 조산사는 출생증명서라는 서류를 작성해주는데 여기에 본인의 생각대로 성별을 표시합니다. 부모님은 출생증명서를 들고 사는 지역의 구청이나 동 주민센터에 가서 출생신고를 합니다. 국가에 나의 성별이 등록되는 것이지요. 이렇게 한번 등록되고 나면 바꾸기가 굉장히 어렵습니다. 우리는 흔히 성별을 생물학적으로 타고났다는 식으로 말하지만, 사실 성별은 내가 아닌 누군가의 판단에 의해 정해지는 것입니다. 이런 성별을 국가가 정한 성별이라는 의미로 '지정 성별'이라고 합니다.

외부에서 정하는 성별이 지정 성별이라면 내 안에서 스스로 느끼는 성별이 있습니다. 이를 성별 정체성이라고 합니다. 영어로는 젠더 아이덴티티(gender identity)라고 해요. 성별 정체성이란 자기 스스로 인식하는 자신의 성별을 말합니다. 예를 들어, 지금 글을 읽고 있는 독자에게 제가 질문을 해볼게요. "당신의 성별은 무엇입니까?"라고 묻는다면 뭐라고 답하실 건가요? 남자라고 답하시거나 여자라고 답하셨나요? 바로 이것입니다. '나는 여성입니다' 혹은 '남성입니다'라고 내가 스스로 정의 내린 나의 성별이 바로 성별 정체성입니다. 성별 정체성에 남성, 여성 두 개만 있지는 않습니다. 자신이 스스로 느끼기에 남성 혹은 여성이라는 두 개의 단어로는 충분히 다 표현되지 않는다고 느끼는 사람들도 있죠. 이런 경우에는 자신을 '논바이너리(Non-binary)' 혹은 '젠더퀴어(Genderqueer)', '젠더플루이드(Genderfluid)' 등 여러 단어로 표현할 수 있습니다.

이제 국가가 정한 지정 성별과 나의 성별 정체성이 일치하는 경우와 그렇지 않은 경우를 살펴볼까요. 나의 성별 정체성은 지정 성별에 영향을 받지 않습니다. 그래서 국가가 지정한 성별과 자신의 성별 정체성이 우연히 일치하는 경우가 있는데 이 사람을 '시스젠더(cisgender)'라고 합니다. 또 우연히 일치하지 않는 사람도 있죠. 이런 경우를 트랜스젠더(transgender)라고 하지요.

이 세상 모든 사람이 시스젠더라고 생각하고 그래서 트랜스젠더는 정신 질환이 아닌가 하고 오해하는 경우도 있습니다. 이런 오해를 없애고자 세계보건기구(World Health Organization, WHO)에서도 분명히 밝힌 바가 있습니다. 세계보건기구는 '국제질병분류'라는 자료를 만들어 발표하는데, 2018년에는 과거 트랜스젠더를 정신 질환으로 분류했던 것이 잘못이었음을 인정하면서 치료해야 할 정신 질환이 아님을 전 세계에 선언했습니다.[6]

생식기나 염색체로 구별하기 어려운 인간의 생물학적 성별

자, 이제 우리는 트랜스젠더에 대해 좀 더 정확한 지식을 갖게 되었습니다. 그러므로 트랜스젠더라는 이유로 학교나 직장을 다닐 수 없다거나 이웃과 동료로 함께 지내지 못하게 한다면 그것은 명백한 차별임을 알게 되었습니다.

그럼 이번에는, 트랜스젠더 여성이 학교를 다니는 것을 반대하지는 않는다, 하지만 남녀공학을 가면 되지 왜 굳이 여대에 들어오려 하는가, 여대는 생물학적 여성이 안전하게 공부를 할 수 있도록 만든 곳이므로 진짜 여성이 아닌 트랜스젠더 여성은 들어올 수 없다는 주장의 문제점을 살펴볼까요.

어떤 사람이 진짜 여성인지, 진짜 남성인지 여부는 어떻게 판단할까요? 흔히 염색체가 XX이고 자궁과 나팔관, 난소 등을 가지고 태어난 사람이 생물학적 여성이고, 진짜 여성이라고 생각합니다. 그러나 생물학적으로 따지면 오히려 인간은 여성과 남성으로 정확하게 그 두 개로만 나눌 수가 없습니다.

아마 생물학적으로 성별을 나눌 때 염색체가 XY, 정소와 음경이 있으면 남자라 하고, 염색체가 XX이고 자궁과 난소는 있지만 음경이 없으면 여자라고 한다고 알고 있을 겁니다. 20세기 중반까지만 해도 학자들 역시 그렇게 알았습니다. 하지만 이런 분류는 이제 옛날이야기입니다. 연구가 더 진척되면서 새로운 사실을 알게 되었거든요.

인간의 염색체는 XX, XY 두 종류만 있는 것이 아니라 X 염색체만 세 개를 가진 XXX로 태어나는 사람도 있고, XXY라고 X 염색체 두 개와 Y 염색체 하나를 가지고 태어나는 사람도 있고, 반대로 XYY라고 Y 염색체를 두 개 갖거나 세 개를 갖는 경우도 있습니다. 이렇게 다양한 염색체 조합이 있다는 것이 밝혀졌지요. 염색체가

XY라 해도 자궁과 난소를 가지고 태어나는 사람이 있고, 음경과 정소를 가졌지만 염색체는 XX인 경우도 있다는 것을 알게 되었지요. 자궁과 음경을 함께 가지고 태어나는 사람도 있고, 음경은 없지만 정소를 가지고 태어나는 사람도 있습니다. 이렇게 흔히 전형적이라 여겨지는 여성과 남성의 해부학적 특징을 모두 가지고 태어난 사람을 간성이라고 부릅니다. 유엔에 따르면 전체 인류의 1.7 퍼센트 정도가 그렇다고 해요.[7]

간성은 영어로 인터섹스(intersex)라고 합니다. 다시 말해 인간의 생물학적 성별은 두 개가 아니라 아무리 적게 나누어도 최소한 세 가지로는 나누어야 한다는 의미입니다. 그리고 이 말은 겉으로 드러난 생식기의 모양만으로 성별을 결정할 수 없다는 뜻이기도 하고, 생물학적 인간의 성별은 매우 다양하다는 말이기도 합니다. 즉, 생식기나 염색체로 진짜 여성인지 가짜 여성인지 나눌 수는 없습니다.

더군다나 여대에 합격한 A씨는 호적상 성별 정정을 했으므로 주민등록상의 성별로 본다 해도 법적 여성입니다. A씨가 남녀공학 대학에 입학한다면 여성으로 입학하는 것이죠. 그러므로 이 논리대로라면 당연히 A씨는 여대에 입학할 자격이 있습니다. 같은 대학에 입학을 하는 것인데 남녀공학 대학에 들어갈 때는 여성이 되지만, 여자대학에 들어갈 때는 여성으로 인정되지 않는다는 것

간성을 상징하는 깃발로, 2013년 오스트레일리아의 간성 단체인
'인터섹스 인터내셔널 오스트레일리아'가 제작했다.
강인함과 완전성을 상징하는 원을 그림으로써
간성의 신체적 자율성과 잠재력을 담고자 했다.
기호와 배경 색으로는 전통적 성 역할을 상징하는 분홍, 파랑이 아닌
자웅동체를 상징하는 노랑과 보라를 사용했다.

은 이치에 맞지 않으니까요. 시스젠더 여성은 어느 대학이든 합격하면 진학할 수 있는 데 비해 트랜스젠더 여성은 남녀공학에만 입학 신청을 할 수 있다면 이는 명백한 차별입니다.

"모든 사람은 교육받을 권리를 가진다"

어떤 사람들은 시스젠더 남성이 화장하고 치마 입고 나타나서 '나도 트랜스젠더 여성이니 입학을 하게 해달라'라고 할 위험이 있다며 반대하기도 합니다. 그런데 여성이 아닌 남성이, 남성으로서 살아갈 자신의 시간들을 일부러 트랜스젠더인 척하며 몇 년간이나 대학을 다니고 여성으로 졸업장을 받으려고 하는 일이 생길 가능성이 얼마나 있을까요? 트랜스젠더가 아닌 사람이 트랜스젠더인 척할 수 있다는 상상 속 위험을 막기 위해 현실에서 함께 살아가고 있는 트랜스젠더가 원하는 학교에서 공부를 할 수 없게 된다면, 그것이 훨씬 더 위험한 일 아닐까요?

미국의 유명한 여대인 웰즐리 대학, 스미스칼리지 대학 등은 트랜스젠더 입학이 가능합니다. 법적으로 성별이 정정된 트랜스젠더의 입학은 너무 당연하게 여겨지고, 대학에 트랜스젠더 여성의 입학이 가능하도록 제도화되어 있죠. 이는 성별 정정과 상관없이,

즉 스스로를 여성으로 정체화하고 여성으로서 살아가고 있는 사람은 입학이 허용된다는 의미입니다. 일본의 몇몇 여대도 최근 트랜스젠더 입학이 가능하다는 정책을 발표했습니다.

어째서 외국의 여대들은 한국과 달리 트랜스젠더 여성의 입학을 허용했을까요? 이들 대학은 먼저 트랜스젠더 여성의 입학을 받아들일지를 판단하기 위해 대학 내에 별도의 위원회를 만들어 논의와 연구를 했습니다. 그리고 트랜스젠더에 대한 차별을 없애는 것이 대학을 설립할 때 지키고자 했던 가치에 부합한다고 결론을 내렸습니다. 일본의 사립대학 중 가장 먼저 트랜스젠더의 입학을 받아들인 미야기학원여자대학의 총장은 "학생 개개인이 자신답게 살아갈 수 있도록 지원하는 게 대학의 사명"이라고 밝혔다고 하죠.[8]

트랜스젠더가 학교에서 괴롭힘을 당한다면, 존재 자체를 부정당한다면 학교를 다니기 어렵겠지요. 아무리 학교를 다니고 싶어도 스스로 포기할 수밖에 없게 됩니다. 청소년성소수자위기지원센터 '띵동'에서 상담한 트랜스젠더 청소년 106명 중 27명(25.5퍼센트)은 학교를 그만둔 상태[9]라는 조사 발표도 있었습니다. 세계인권선언 제26조는 "모든 사람은 교육을 받을 권리를 가진다"라고 명시했습니다. 공부하기 싫은데 억지로 공부하게 하는 것도 인권침해이겠지만, 공부를 하고 싶은데도 단지 트랜스젠더라는 이유로 공부를 할 수 없다면 이 역시 인권을 존중받고 있지 못한 것이죠.

인권을 이해한다는 것은 내가 살고 싶은 삶이 있다면 그건 다른 사람도 누리고 싶어 하는 삶임을 아는 것입니다. 그래서 모두가 각자 원하는 삶을 솔직하게, 나답게 살아갈 수 있길 바라는 것입니다. 트랜스젠더의 인권을 '나로서 나답게 산다는 것'의 의미로 이해해보세요. 다른 세상이 보일 거예요.

'나는 동성애가 싫어'라는 말은 혐오 표현일까요, 표현의 자유일까요?

가벼운 농담일 뿐인데 혐오 발언이 될까?

별 의도 없이 농담 삼아 어떤 말이나 행동을 했는데 '그건 혐오 발언이야'라는 지적을 받고 놀란 적 있나요? 혹은 혐오 표현이라는 것을 알면서도 '이 정도는 쓸 수도 있는 거 아냐. 다들 쓰는데'라고 한 적은 없나요?

혐오가 담긴 말이나 글, 행동이나 이미지를 공공연하게 사용하는 것을 '혐오 표현'이라고 합니다. 혐오는 편견에 기초하여 만들어지고 학습되기 때문에 자기도 모르게 사용하기 쉽습니다. 그래서 지적을 받은 다음에야 '이런 말도 혐오 표현이구나' 하고 깨닫게 되곤 하지요.

유튜브에서 길거리 농구 영상을 보다가 체격이 좋은 어떤 흑인이 덩크슛을 멋지게 넣는 장면에서 '역시 흑형이야!'라고 할 때처럼 말이죠. 본인은 감탄과 칭찬의 의미로 썼다 해도 누군가를 지칭할 때 피부색으로 특정해 부르는 일은 피부색이 차별과 폭력의 기준이 되어온 인류의 역사를 생각할 때 혐오 표현입니다. 그러므로 모르고 썼다면 할 수 없다 해도 혐오 표현인 것을 알았다면 바로 사과하고, 다시는 쓰지 않아야 합니다.

차별과 혐오가 포함될 땐 표현의 자유가 될 수 없다

상대가 듣기 싫어한다고 해서 모두 혐오 표현은 아닐 테니 어떤 말들은 자유롭게 할 수 있어야 하지 않을까요? 우리가 누릴 수 있는 중요한 인권 중에는 '자유롭게 자신의 의견을 표현할 권리'도 있으니까요. 그렇다면 나의 말이 조심해야 할 혐오 표현에 속하는지, 표현의 자유에 속하는지 어떻게 구분하고 판단할 수 있을까요?

이 질문의 답을 찾기 위해, 예를 들어 '나는 동성애가 싫어'라는 말을 하는 상황을 생각해볼까요. 이런 발언은 혐오 표현에 속할까요? 아니면 표현의 자유에 속할까요? 함께 검토해봅시다. 자, 먼저 누군가 공공연하게 '난 동성애가 싫어'라고 말한다면 우리는 그 말을 한 사람을 이성애자라고 생각할 겁니다. 이성애자라서 동성애가 이해가 안 된다거나 이상하게 느껴진다거나 심지어 정상이 아니라고 말할 수도 있겠죠. 즉, 동성애가 싫다는 말은 그 자체로 내가 이성애자임을 과시하는 효과가 생깁니다.

반대로 '나는 이성애가 싫어'라고 말하는 경우를 상상해보세요. 이 말을 하는 사람은 동성애자로 여겨지겠죠. 그래서 누군가 '넌 왜 이성애가 싫어? 너 동성애자야?'라고 공격적으로 질문할지도 모르죠. 그렇다면 개인적으로 이성애가 싫다고 생각하든 말든 동성애자로 오해받고 싶지 않다면, 혹은 동성애자임이 드러나는 것이 두렵다면 이성애가 싫다는 말은 하지 않을 것입니다. 누군가 '동성애가 싫어'라고 말을 한다고 해서 '왜 동성애가 싫은데? 너 혹시 이성애자야?'라고 묻는 일이 벌어지지 않는 것과는 달리 말이죠.

지금 우리 사회는 동성애에 대한 편견이 강하고 이미 그에 대한 차별과 혐오도 있는 사회입니다. 이런 현실에서 '동성애가 싫어'라고 말하는 것과 '이성애가 싫어'라고 말하는 것 가운데 말하는 사람의 부담은 어느 쪽이 덜할까요? 동성애자로 오해받고 싶지 않고 혹 동성애자인 것이 드러날까봐 두려운 사람들은 그 말을 하지 못합니다. 반면에 동성애가 싫다는 말은 별 부담이 없습니다. 이성애자임이 드러난다고 해서 불이익이나 놀림 혹은 차별을 받을 위험이 없으니까요.

다른 친구를 향해 '게이 같아'라든지 '레즈비언처럼 보여' 같은 말을 하거나 '난 동성애가 싫어'라고 말하는 것이 장난이나 표현의 자유가 될 수 없는 이유가 바로 이것입니다. 처한 상황이 이미 다를 뿐 아니라, 자기 자신은 안전함을 느끼면서 다른 사람은 불안에 떨게 만드는 말이니까요.

이런 상황과 비교해보면 더 잘 이해가 될 거예요. 내가 먼 외국에 나가서 살고 있고 현지인이 대다수인 학교를 다닌다고 해보죠. 어느 날 학교에 갔더니 같은 반 친구가 '나는 한국인이 싫어'라고 큰 소리로 말하는 거예요. 마치 한국인은 모두가 당연히 싫어해야 할 존재인 것처럼 말이죠. 어떤 기분일까요? 무서울 거예요. 내가 갑자기 한국인이 아닌 다른 나라 사람이 될 수는 없으니까요. 국적이나 민족, 피부색 등은 자신의 의지로 선택할 수 없는, 타고난 특징이잖아요. 누군가에게 끌리고 사랑을 느끼는 성적 지향(sexual orientation)도 마찬가지예요. 이성애도 성적 지향의 한 종류일 뿐이랍니다.

인권 존중에는 용기가 필요하다

'표현의 자유'가 인권에 속하는 이유는 큰 힘이나 권력을 가진 사람이 자기가 듣기 싫은 말을 하지 못하도록 막을 수 있기 때문에, 인간이라면 누구나 갖는 '권리'로 명시해 자유롭게 자신의 의견을 주장할 수 있도록 하기 위해서입니다. 그러니 잊지 마세요. 표현의 자유란 강자를 향해 눈치 보지 않고 말할 때 필요한 권리이지, 사회의 약자를 향해 내 기분대로 말을 쏟아낼 권리가 아니라는 것을요. 어떤 말이 표현의 자유에 속하고 어떤 말이 혐오 발언인지 판단하고 싶다면 어떤 환경에서, 누구에게, 무엇을 표현하고 있는가를 기준으로 살펴보면 됩니다. 사회의 편견에 기대어 상대의 삶을 존중하지 않고 비하하며, 또한 동시에 그 말을 들은 다른 사람의 편견도 강화하는 발언이라면 혐오 표현이라 할 수 있습니다.

혐오 표현을 쓰지 말자고 캠페인을 하고 나아가 금지하자고 하는 이유는 단지 혐오 표현이 나쁜 말이라서가 아닙니다. 혐오 표현은 특정인을 무시하고 비하하는 경우가 많아 이런 말을 계속 쓰다 보면 어느새 익숙해져 그 대상을 진심으로 증오하게 되고 잔인한 폭력도 서슴지 않게 되기 때문입니다. 제2차 세계대전 때 독일이 유대인을 혐오하고 수백만 명을 학살한 것처럼 말이죠. 이런 비극을 반복하지 않기 위해 차별과 폭력을 확대 재생산할 수 있는 혐오 표현은 쓰지 말자는 것입니다.

'나는 동성애자가 싫다'라고 말하는 것은 표현의 자유에 속하지 않습니다. 또한 '나는 혐오 발언을 하지 않는다'라는 것만으로도

서울퀴어문화축제는 성적 지향과 성별 정체성을 비롯해
다양한 정체성을 가진 이들이 평등하게 어우러지는
사회를 이루기 위해 2000년에 시작해 지금까지
서울에서 매년 6월과 9월 사이에 개최된다.
수만 명이 거리를 행진하는 퍼레이드, 퀴어영화제,
전시회와 파티 등 다양한 프로그램으로 2주간 펼쳐진다.

결코 충분하지 않습니다. 만약 본인을 이성애자라고 생각하고 있다면, 단지 이성애자라는 이유만으로 소외와 배제, 차별을 받아본 적이 있는지 한번 되돌아보세요. 나의 성적 지향은 이미 사람들에게 존중받고 있지만, 내가 다른 사람의 성적 지향을 존중하기 위해 애를 쓴 적은 별로 없다는 사실을 발견할 수 있지 않나요?

만약 같은 반 친구 중에 동성애자라고 커밍아웃한 친구가 있는데 다른 급우들이 그 친구를 동성애자라고 놀리거나 '동성애는 역겨워' 등의 말을 한다면 그때 여러분은 어떻게 행동할 건가요? 놀리지 말라고 말할 수 있나요? 그랬다가 너도 동성애자냐고 급우들에게 같이 괴롭힘을 당하면 어쩌죠? 그래도 친구를 놀리거나 괴롭히지 말라고 하는 것이 옳다고 생각하나요? 맞습니다. 이렇듯 혐오하지 않고, 인권을 존중하는 일에는 고민도 필요하고 용기도 필요합니다.

청소년에게도 성적자기결정권이 있지 않나요?

국민의 기본권인 성적자기결정권

성적자기결정권이라는 말을 들어본 적 있나요? 어렵게 느껴지기도 하지만 '성(性)과 관련된 모든 것을 자기 스스로 결정할 권리'라고 풀어 쓰면 좀 더 쉽게 이해가 될 거예요. 성이라는 단어가 나오니 좀 거리가 느껴지나요? 성행위나 결혼, 임신 같은 일은 모두 성인이 된 다음에 해야 하고 청소년 시기에는 하지 말라는 이야기를 많이 듣게 되지요? 이런 말은 청소년에겐 성적자기결정권이 없고 성인이 되어야만 갖게 되는 것처럼 느껴지게 합니다. 하지만 성적자기결정권은 사람이라면 누구나 태어나면서 갖는 천부인권이고, 대한민국 헌법에 명시된 국민의 기본권이므로 당연히 청소년에게도 성적자기결정권이 있습니다.

우리나라 헌법 제10조는 '모든 국민은 인간으로서의 존엄과 가치를 가지며, 행복을 추구할 권리를 가진다. 국가는 개인이 가지는 불가침의 기본적 인권을 확인하고 이를 보장할 의무를 진다'라고 명시합니다. 여기서 '행복을 추구할 권리'란 국가나 타인의 간섭이나 강요를 받지 않고 자기 삶의 주체가 되어 살아갈 권리를 의미합니다.('행복할 권리'와는 구분해야 합니다. 난 행복할 권리가 있으니 나를 행복하게 만들라는 의미가 아닙니다.)

조선 시대만 해도 태어나는 순간에 신분이 결정되어 평생 그 신분의 틀 안에서 살아야 했습니다. 글을 배우고 싶어도 천민은 배울 기회가 없었죠. 직업도 마음대로 선택할 수 없었고 어떤 옷을 입고 머리 모양은 어떻게 할지도 다 정해져 있었어요. 반면에 행복추구권은 자율적으로 나의 삶을 살아갈 주체가 된다는 의미입니다. 타인에게 해를 끼치는 일이 아니라면 사회의 제약이나 금지 없이 적어도 자신이 생각하는 행복을 찾기 위해 시도하고 노력하는 기회는 모든 사람에게 평등하게 주어져야 한다는 것이죠. 그래서 행복을 추구할 권리는 다른 말로 하자면 '자기운명결정권'이라고 할 수 있습니다. 쉽게 말하면 '내 인생은 나의 것'이라는 뜻이에요.

자기운명결정권에는 굉장히 많은 것이 포함됩니다. 여러분이 대학 진학을 할지 말지, 어떤 직업을 가질지, 이사를 갈지 이민을 갈지, 어떤 머리 모양을 할지 등등을 자유롭게 결정하는 것이 다 여기에 포함됩니다. 요즘은 과거와 달리 죽음을 앞두고 병원에서 무리하게 생명을 연장하는 치료를 하지 않도록 '나는 나의 연명치료를 거부한다'라는 내용의 문서를 남길 수 있는 제도가 생겼습니다. 존엄하게 자신의 죽음을 맞겠다는 결정도 자기운명결정권에 속하고, 이를 사회가 존중해야 한다는 차원에서 이 같은 결정을 내린 것입니다. 그리고 자기운명결정권에는 사랑과 연애, 결혼과 임신, 출산, 성행위 여부 등을 스스로 결정하는 '성적자기결정권'이 포함되어 있습니다.

즉 성적자기결정권은 인권이자 국민의 기본권입니다. 아동이나 청소년이나 노인이나 연령에 상관없이 모든 사람은 성적자기결정권을 가지고 있는 것입니다. '아니, 그렇다면 왜 우리 사회는 청소년들에게 연애도, 섹스도 하지 말라고만 하는 거야'라는 의문이 생길 거예요.

우리 사회가 청소년의 성적자기결정권을 존중하기 어려워하는 건 성적자기결정권을 '마음대로 섹스할 권리'로 오해하기 때문입니다. 청소년의 성적자기결정권을 인정하면 청소년들이 섹스를 마음대로 할 것이고 그렇게 되면 청소년들이 임신이나 임신중절, 성병 감염 등의 위험에 빠질 거라고 상상하는 거죠. 그래서 청소년에게도 권리가 있는 것은 맞지만 아직 청소년은 미숙하니 권리 행사를 유보하는 것이 더 좋다고 주장합니다. 권리에는 책임과 의무가 따르는 법인데 청소년으로서는 감당하지 못할 너무 큰 책임을 져야 하는 위험한 상황이 생길까봐 염려하는 것이죠. 그런데 이 말은 마치 권리를 행사하지 않으면 더 안전해지는 것처럼 느껴지게 하네요. 정말 그럴까요? 여러분의 생각은 어떤가요?

인권은 사람이라면 누구나 갖는 권리입니다. 또 태어나면서 바로 갖게 되는 천부인권이므로 인권은 나의 의지로 그 권리를 꺼내 썼다가, 다시 뒤에 감추어두었다가 할 수 있는 것이 아닙니다. 이런 관점에서 보면 청소년의 성적자기결정권 유보란 그 권리의 속성상 불가능한 일이고 그 권리를 침해하는 태도일 뿐입니다. 이 권리를 존중한다는 것은 그 사용을 주체적이고 자율적으로 결정할 수 있도록 한다는 의미입니다. 다시 말해, 청소년이 자신에게 더 좋은 것을 스스로 선택하고 결정할 수 있도록 충분한 정보와 지식을 제공하고, 안전하고 평등하게 권리를 누릴 수 있도록 환경을 만드는 것이 사회가 해야 할 일이죠.

주체적이고 자율적인 삶을 위한 성적자기결정권

그럼에도 성적자기결정권이 마치 자기 일은 스스로 알아서 결정해야 하고 모든 것은 스스로 책임져야 한다는 의미로 받아들여져, '내가 결정한 일이니 문제가 생겨도 내 탓'이라고 생각하게 만드는 경우가 많습니다. 어떤 결정을 스스로 내린 것은 맞습니다. 예를 들어, 카톡에서 우연히 알게 된 어떤 사람이 만나자고 해서 만나는 결정은 '나' 스스로 할 수 있습니다. 하지만 만나기로 결정한 것이지 그 사람이 나에게 해코지를 하거나 성적 위협을 가하는 것까지 받아들이기로 결정한 것은 아닙니다. 낯선 사람을 만나러 가기로 결정한 내 잘못이라고 생각하며 내 책임이니 상대를 신고하거나 주위에 도움을 요청할 수 없을 거라고 생각할 필요가 없다는 뜻입니다. 상대가 자신의 의견을 들어주지 않으면 부모님에게 알리고 소문을 내겠다는 식의 조건을 내걸거나, 나를 정말 사랑한다면 증명해보라며 특정한 행동을 취할 것을 요구한다면 이 또한 그가 나의 성적자기결정권을 침해한 것이니까요.

청소년의 성적자기결정권을 성인과 동등하게 다루지 않는 경우가 있다면 형법에서 그러합니다. 2019년에 형법이 개정되어 '16세 미만의 청소년과 성행위를 하는 19세 이상의 성인'에 대한 처벌을 강화했습니다. 하지만 이것은 청소년의 연애를 금지하거나 청소년 간의 성행위를 처벌하려는 목적이 아닙니다. 16세와 18세의 청소년이 서로 사랑하는 것을 단속하는 법이 아니라는 것이지요. 형법에서 처벌하려는 대상은 미성년자의 취약한 위치를 악용하는 성인입니다.

예컨대 어려운 형편에 놓인 14세의 청소년을 물심양면으로 도와주며 친하게 지내던 40세 성인이 어느 날 성관계를 요구하는 경우 이 법에 적용을 받습니다. 14세 청소년은 친하게 지내며 믿고 의지했고 늘 감사했기에 그런 요구를 거절하기가 어려워 어쩔 수 없이 동의할 수 있습니다. 법은 겉으로 보기에 동의를 한 것으로 보이는 경우라 하더라도 16세 미만의 청소년에게 이런 요구를 하는 사람에게는 강간죄를 묻겠다는 것입니다. 왜냐하면 그 성인이 정말 청소년의 성적자기결정권을 존중한다면 자신에게 신세를 지게 만든 뒤 거절하기 힘든 성관계를 요구하지는 않을 테니까요. 두 사람의 관계가 평등해야 진정한 동의가 이루어진다는 점을 고려할 때 이런 행위는 청소년의 성적자기결정권을 침해하는 행위에 해당합니다.

성적자기결정권은 내가 원하는 삶이 무엇인지 결정하는 것이며, 원하지 않는 것은 하지 않을 수 있는 권리입니다. 여러 선택지 가운데 결정할 수 있어야 하고, 그중에 무엇을 선택할지 충분한 시간적·심리적 여유를 갖도록 하는 것, 혹은 취소하고 거부해도 불이익을 받지 않을 권리이기도 합니다. 원치 않는 임신을 하지 않도록 피임에 대해 정확히 알 권리, 동성애자이든 이성애자이든 양성애자이든 성적 지향 때문에 괴롭힘을 당하지 않을 권리 등이 모두 성적자기결정권에 속합니다.

성적자기결정권을 침해받았을 때 침해받은 이가 부끄러워하고 죄책감을 느낄 이유는 없습니다. 침해한 사람의 잘못이기 때문입니다. 그러므로 침해받는 일이 생긴다면 혼자 견디지 말고 주위에 도움을 요청하거나 문제 제기를 하면 됩니다. 믿을 만한 주위 사람과 상의하거나 경찰에 신고하는 등 보호를 적극적으로 요청하는 일 역시 성적자기결정권을 행사하는 것입니다.

5장

장애로 읽는 인권

김도현

장애인언론 《비마이너》의 발행인이자 노들장애인야학 교사. 노들장애인야학 부설 기관인 노들장애학궁리소에서 연구 활동가로도 일하고 있다. 《차별에 저항하라》, 《당신은 장애를 아는가》, 《장애학 함께 읽기》, 《장애학의 도전》 등을 썼으며, 《우리가 아는 장애는 없다》, 《장애학의 오늘을 말하다》, 《철학, 장애를 논하다》, 《장애와 유전자 정치》 등을 우리말로 옮겼다.

• 이 글에서는 장애인이라는 말과 대비하여 장애를 지니고 있지 않은 사람을 지칭할 때 '비장애인'이라는 용어를 사용합니다. 그러나 사람들은 '정상인'이라는 용어를 무의식중에 많이 쓰지요. 정상인이라는 용어의 대칭어는 '비정상인'입니다. 따라서 정상인이라는 용어를 사용할 경우 장애인은 비정상인이라는 말이 되어버리고 맙니다. 그렇다면 '일반인'이라는 용어는 어떨까요? 국어사전을 찾아보면 일반인이란 "① 특별한 지위나 신분을 갖지 아니하는 보통의 사람 ② 어떤 일에 특별한 관계가 없는 사람"을 의미합니다. 장애를 '특별한 지위나 신분'이라고 우기지 않는다면, 그리고 장애인이 '어떤 일에 특별한 관계'가 있는지 억지로 찾을 요량이 아니라면 일반인 역시 장애인과 대비되는 개념으로 쓸 수 없다는 얘기입니다. 또한 장애를 지니지 않은 집단은 장애인을 먼저 정의한 후 그 정의에 해당하지 않는 이들을 가리키는 방식으로 정해질 수밖에 없습니다. 역사적으로 그러했고 현재도 마찬가지이지요. 따라서 장애인이라는 경계의 외부에 있는 사람들은 비장애인이라고 부르는 것이 가장 객관성이 확보된 용어법이라고 할 수 있습니다.

버스를 타고 이동할 수 있는 권리가 발명된 거라고요?

이동권, 공기 마시듯 누렸기에 인식할 수 없었던 권리

여러분, '이동권'이라는 말을 들어본 적 있나요? 이제는 조금 친숙해졌겠지만, 한국 사회에서 2001년 처음 이동권 운동이 시작되었을 때는 "그게 뭔데?"라는 반응이 거의 대부분이었습니다. 한번은 거리에서 서명운동을 진행하는데 지나가던 학생이 "아저씨, 이동권이 뭐예요? 사람 이름이에요?"라고 물어와 동료들과 함께 크게 웃은 적도 있지요. 그런데 이런 반응이 나올 수밖에 없었던 건 2005년 1월 〈교통약자의 이동편의 증진법〉(아래 '교통약자법')이 제정되기 전까지 이동권이라는 말은 우리 사회에 존재하지 않는 단어였기 때문입니다. 국립국어원에서 발간하는 《표준국어대사전》 '신어 자료집'에 그 단어가 처음 등재된 게 2003년이니까요.

이동권(Right to Mobility)이란 기본적으로 '출발지에서 목적지까지 이동할 때 그 수단 및 동선(動線, traffic line)을 확보함에 있어 제약을 받지 않고 자유로울 수 있는 권리'를 말합니다. 말 그대로 자유롭게 이동할 수 있는 권리인 것이지요. 이러한 이동권은 크게 건물이나 구조물에 대한 접근권, 지하철·버스·열차 등 대중교통 수단을 자유롭게 이용할 수 있는 권리, 그리고 인도와 도로 환경의 문제(인도의 턱, 횡단보도의 음성신호기, 유도블록 등)를 포괄합니다.

사실 비장애인 입장에서는 여전히 '이동하는 것도 권리야?'라고 생각할 수 있습니다. 이는 우리가 공기 없이 살아갈 수 없으면서도 공기가 희박해지는 순간에만 그 소중함을 느끼는 것과 비슷하지요. 즉 대다수 비장애인들은 공기를 마시듯 이동권을 누려왔기 때문에, 마치 우리가 '공기권'을 이야기하지 않는 것처럼 '이동권'을 이야기할 필요를 느끼지 못하는 것이에요. 그러나 장애인을 고려한 안전시설이나 엘리베이터가 없어 지하철을 타다가 떨어져 죽고 버스는 이용조차 할 수 없었던 이들에게는, 거리의 턱과 사방팔방 설치되어 있는 계단이 아마득한 산처럼 느껴지는 이들에게는 절실한 권리일 수밖에 없어요.

장애인 이동권의 현실을 말해주는 세 개의 장면

장면 하나. 2018년 7월 2일 1호선 신길역, 전동휠체어를 탄 일군의 장애인들이 신길역에 한 줄로 늘어서 있습니다. 플랫폼에는 '장애인 이동권'이라는 문구가 적힌 관이 놓였지요. 장애인들이 관 속으로 하얀 국화를 한 송이씩 던집니다. 이후 이들은 신길역에서 서울역까지 이동하며 시민들을 만났습니다. 더 이상 장애인이 지하철을 이용하다 추락해 죽는 일은 없도록 만들어야 한다고 외치면서요. 2017년 10월 20일, 한 중증장애인이 신길역 환승 계단에 설치된 장애인용 리프트를 이용하기 위해 호출 버튼을 누르려다 추락해 혼수상태에 빠졌고, 결국 이듬해 1월 25일 사망했던 것입니다. 지하철 역사의 리프트는 휠체어를 이용하는 장애인의 이동을 위해 설치된 것인데, 사면이 열려 있는 개방형 설비이기에 언제든 사고가 발생할 수 있는 구조적 위험에 노출되어 있습니다.

2001년 오이도역에서 장애인용 리프트가 추락해 장애인 부부 중 한 사람이 사망하고 다른 한 사람은 중상을 입는 참사가 발생합니다. 그 이후 이동권 투쟁이 시작되었습니다. 2003년 송내역에서는 한 시각장애인이 출구를 찾아 헤매다 선로로 추락했고 승강장으로 진입하던 열차에 치여 그대로 사망하고 맙니다. 시각장애인이 지팡이를 통해 방향을 찾을 수 있는 유도블록이 제대로 설치되어 있지 않았기 때문입니다. 또 당시에는 스크린도어가 없어 선로로 추락할 위험에 그대로 노출된 상황이었습니다. 그 이후 스크린도어 설치를 위한 투쟁이 시작되었지요.

그러나 장애인은 계속해서 같은 사고로 죽어갔습니다. 2002년 발산역에서, 2004년 부천역과 이수역에서, 2006년 신수역에서, 2008년 화서역에서, 2009년 제물포역에서, 2017년 신길역에서. 확인된 사망 사고가 이 정도일 뿐 중상을 입은 사고까지 헤아리면 참사의 목록은 끝도 없이 이어집니다. 그러니까 장애인은 대중교통인 지하철을 탈 때도 목숨을 걸어야만 했던 것이지요.

장면 둘. 2019년 10월 28일 서울고속버스터미널 경부선 광장, 전국장애인차별철폐연대에서 나온 장애인과 비장애인 활동가 들이 다소 상기된 표정으로 무언가를 기다리고 있습니다. 곧이어 일반 고속버스와는 조금 다르게 생긴 차량이 사람들 앞에 멈춰 서고, 리프트가 지면까지 내려옵니다. 이날은 한국에서 처음으로 휠체어 이용 장애인이 탑승할 수 있는 고속버스가 시범 운행을 시작하는 날이었습니다. 2014년부터 설날과 추석마다 '장애인도 버스 타고 고향에 가고 싶다!'라는 슬로건 아래 힘겨운 싸움을 벌여온 지 5년, 2005년 교통약자법이 제정된 지 14년 만의 일이었습니다.

이날 시승식 행사에 참여한 한 장애인은 10년 넘게 고향에 가보지 못했다며, 휠체어의 접근이 가능한 고속버스가 하루빨리 확대

2015년 7월 전국장애인차별철폐연대 회원들은
경기도 고양시 고양종합터미널에서
'시외이동권 & 여행할 권리' 확보를 위한 기자회견을 열었다.
이날 휠체어 이용 장애인들은 승차권을 예매했지만,
탈 수 있는 버스가 없었다.

되었으면 좋겠다는 소망을 피력했습니다. 그분의 고향은 전라북도 부안군이었는데, 이곳처럼 기차가 서지 않는 지역의 장애인들은 모두 다 비슷한 어려움과 고통을 겪고 있지요. 그러나 이들의 바람이 언제 이루어질지는 아직 누구도 알 수가 없습니다. 2020년 말 현재 휠체어 이용 장애인이 탈 수 있는 버스는 전체 고속·시외버스 9,000여 대 중 0.1퍼센트에 해당하는 단 10대뿐이니까요.

장면 셋. 2020년 추석 연휴 전날인 9월 29일 고양시 일산의 한 아파트 단지 입구, 50여 명의 장애인이 노란 천막을 한 동 친 채 모여 있습니다. 천막에는 "김현미 국토교통부 장관님, 15년을 기다렸습니다. 장애인이 자유롭게 이동할 권리를 보장해주십시오. 만나서 대화하고 싶습니다"라고 쓰인 커다란 현수막이 걸렸지요. 그렇습니다. 이곳은 대한민국 국토교통부 장관이 살고 있는 아파트 앞이었고, 장관이 2018년 장애계와 약속한 '이동권 보장 선언문' 이행을 촉구하는 농성을 준비하고 있었던 겁니다.

이날 그곳에 모이기 위해 장애인들은 대중교통이 아닌 단체 승합차량이나 특별교통수단(장애인콜택시)을 이용해야 했습니다. 비장애인이라면 지하철을 탄 후 버스로 환승하면 쉽게 올 수 있는 곳이었지만, 휠체어 이용 장애인들은 그럴 수가 없습니다. 부근 지하철역에서 이용할 수 있는 저상버스가 아예 없거나, 있다 하더라도 배차 간격이 몇 분이 아닌 몇 시간 단위였기 때문이지요. 더 큰 문제는 그곳에서 집으로 돌아갈 때였습니다. 서울시가 운영하는 장애인콜택시는 고양시까지 이용 가능하지만, 고양시가 운영하는 장애인콜택시는 야간에 고양시 외부로 나가지 않거든요. 농성도 힘들지만 농성하러 모이고 귀가하는 것도 장애인들에게는 결코 쉬운 일이 아닌 것이지요.

장애인 이동권은 특별한 시혜가 아닌 '보편적 권리'

2005년 제정된 교통약자법이 이듬해 시행되면서 지하철 역사에 엘리베이터가 설치되고 장애인이 탑승할 수 있는 저상버스도 도입되기 시작했습니다. 전에 없던 것이 새롭게 생겨나니 사람들은 말합니다. 세상 많이 좋아졌다고. 아주 틀린 말은 아니지만, 장애인 입장에서는 솔직히 조금 야속하고 얄미운 말이기도 합니다.

애초 법 제정 이후 처음 마련된 〈제1차 교통약자 이동편의 증진계획(2007~2011)〉상으로는 2011년까지 전체 시내버스의 31.5퍼센트를 저상버스로 교체해야 했지만, 저상버스 보급률은 그 절반에도 미치지 못하는 12퍼센트에 불과했습니다. 또한 〈제2차 교통약자 이동편의 증진계획(2012~2016)〉상으로는 2016년 말까지 41.5퍼센트를 저상버스로 교체해야 했으나, 실제 저상버스 보급률은 2019년

말 기준으로도 25퍼센트가 조금 넘는 수준이지요.[1]

자, 이렇게 한번 가정을 해봅시다. 현재 시내에 돌아다니는 버스 네 대 중 세 대가 어느 날 갑자기 사라진다면 비장애인들은 자신이 가고자 하는 목적지까지 갈 때 버스를 이용할 엄두가 날까요? 아마도 대부분 다른 교통수단을 이용할 겁니다.

장애인에게는 지금이 바로 그와 같은 상황인 것이죠. 평균적으로 얘기하면 비장애인보다 네 배나 더 오랫동안 버스를 기다려야 하고, 또 어떤 노선에는 운행 중인 저상버스가 아예 없으니 환승을 해서 목적지까지 가기도 어렵고요. 비장애인들은 저상버스가 다니니 우리 사회가 장애인을 배려한다고, 장애인들이 이동하기에도 환경이 많이 좋아졌다고 생각합니다. 그러나 그건 정확히 비장애인 중심적인 시혜의 관점일 뿐입니다.

권리의 관점에서 본다면 지금의 상황은 장애인에게 전혀 좋지 않습니다. 비장애인에 비해 여전히 네 배나 차별을 받고 있으니까요. 영국의 경우 2005년 저상버스 보급률(3월 말 기준)이 28퍼센트였지만 불과 10년 만인 2015년에는 89퍼센트로, 2019년에는 99퍼센트까지 끌어올리며 사실상 모든 버스를 저상버스로 바꾸었습니다.[2] 그렇다면 한국과 영국이 결정적으로 다른 점은 무엇일까요? 바로 관점의 차이죠.

저상버스는 단지 '장애인을 위한' 버스가 아닙니다. '누구도 차별받지 않도록' 만든 버스입니다. 장애인뿐 아니라 노인, 어린이, 임산부, 유모차를 끌고 나온 아빠와 엄마, 때로는 무거운 짐을 든 젊은 사람들까지 포함해 모두를 위한 버스라는 말이지요. 이러한 보편적 권리의 관점에서 장애인 이동권에 접근할 때, 교통약자법 제3조 "교통약자는 (…) 교통약자가 아닌 사람들이 이용하는 모든 교통수단, 여객시설 및 도로를 차별 없이 안전하고 편리하게 이용하여 이동할 수 있는 권리를 가진다"라는 이동권 조항은 공허한 선언이 아닌 하나의 실질적 권리로 우리 사회에 정착될 수 있을 것입니다.

특수교육기관 설립을 반대하는 이들은 인권을 침해한 것인가요?

장애인에게도 교육은 권리인 동시에 '의무'

장애인권과 관련된 강의를 할 때 사람들에게 종종 던지는 질문이 있습니다. "많은 법률이 국민의 권리를 보장하기 위한 목적에서 만들어지는데요, 그렇다면 대한민국 최초의 장애 관련 법률은 무엇일까요?" 대다수 사람이 떠올리는 건 1981년 제정된 〈심신장애자복지법〉(현 〈장애인복지법〉)입니다. 그러나 이보다 앞선 법률이 하나 있는데, 다름 아닌 〈특수교육진흥법〉입니다. 1977년에 제정되었지요. 즉 우리나라에서 법률에 공식적으로 명시된 첫 번째 장애인의 권리는 바로 교육권이라 할 수 있습니다.

이처럼 교육권이 우선적으로 다루어졌던 건 여러 가지 맥락을 고려해보면 납득할 만한 일이기도 합니다. 한국은 교육열이 높고 그에 따라 교육 정도도 매우 높은 국가입니다. 2017년 기준 전체 국민의 초등학교, 중학교, 고등학교 취학률이 각각 97.6퍼센트, 94.3퍼센트, 93.8퍼센트이고, 고등교육기관 취학률도 67.4퍼센트였습니다.[3] 또한 교육권은 헌법에 보장된 권리 중에서도 상당히 독특한 위상을 갖습니다. 일반적으로 권리에는 의무가 따릅니다. 즉 일정한 의무의 수행을 '조건으로' 권리가 보장되는 경우가 많습니다.

그러나 교육은 헌법상 권리인 동시에 의무입니다. 우리가 교과서에서도 배우는 국민의 4대 의무인 국방·납세·교육·근로(노동)에 교육이 포함되어 있고, 교육이 이처럼 권리이자 의무이기 때문에 '의무교육'이란 개념도 존재하지요. 요컨대 교육권은 그것을 누리는 데 별도의 의무가 전제나 조건으로 따라붙을 수 없는 권리, 기본권 중에서도 매우 기본적이고 '무조건적인' 권리입니다.

그렇다면 우리나라 장애인의 교육 수준은 어느 정도나 될까요? 가장 최근에 이루어진 《2017년 장애인실태조사》에 따르면, 매우 놀랍게도 장애인 10명 중 약 4명은 초등학교 졸업 이하의 학력으로 살아가고 있습니다.[4] 중학교 중퇴자까지 염두에 둔다면, 대한민국 장애인의 절반 가까이가 〈교육기본법〉이 정해놓은 의무교육도 받지 못하고 있는 것입니다. 이처럼 학령기에 제대로 교육을 받지 못한 이들이 많기 때문에, 제가 활동하고 있는 노들장애인야학에는 따로 홍보를 하지 않아도 많은 장애인 분들이 찾아옵니다. 1970년대와 1980년대에 활성화되었던 야학은 1990년대 이후 우리나라의 경제 발전에 따라 교육 여건이 개선되면서 대부분 사라졌지만, 장애인을 대상으로 한 야학의 경우에는 지금도 전국적으로 30여 곳이 고군분투 중이고 새롭게 생겨나고 있지요.

1991년의 충남 천안과 2016년의 서울 강서구에서 있었던 일

이 같은 장애인 교육의 현실에서 짐작할 수 있듯 1977년의 〈특수교육진흥법〉은 사실 최소한의 의무교육 조항조차 담고 있지 않은, 그저 선언에 그치는 법률이었습니다. 그런 상황에서 이 법의 전부 개정을 요구하는 사회적 목소리가 터져 나오는 계기가 된 사건이 있었는데요, 장애인권 운동에서는 흔히 '천안인애학교 사태'라고 부릅니다.

1991년 충청남도 교육청은 천안군—1995년 5월까지는 천안시와 별도로 천안군이 존재했답니다—에 공립 특수학교인 천안인애학교 건립을 추진하고 있었는데요. 장애인 시설이 들어오면 '땅값이 떨어진다'라는 이유로 지역 주민들에 더해 해당 군청까지 나서 반대하는 사건이 벌어집니다. 이에 장애인 단체들과 장애인 부모 단체들은 '천안인애학교 사태 해결을 위한 공동대책위원회'를 구성해 청와대와 국회에 진정을 넣는 한편, 공청회와 대중 집회를 여는 등 적극적으로 대처해 어렵사리 입지 승인을 받아내게 됩니다. 이후 천안인애학교는 1993년 무사히 개교했고, 〈특수교육진흥법〉은 1994년 한 차례 전부 개정이 이루어지게 되지요.

그런데 이로부터 사반세기가 지난 시점인 2016년 서울 강서구에서, 과거 천안에서 있었던 일과 조금도 다르지 않은 사태가 또다시 발생합니다. 당시 강서구에 특수학교는 교남학교 한 곳뿐이었고, 초·중·고 및 직업교육 과정인 전공과까지 모두 합해 정원이 100명밖에 되지 않았습니다. 그러다 보니 이 지역의 발달장애 학생들은 왕복 네 시간이 걸리는 다른 구의 특수학교에 다녀야 하는 실정이었지요. 이 같은 여건을 개선하기 위해 서울시 교육청은 강서구 가양동의 공진초등학교가 이전해 나간 빈터에 특수학교(서울서진학교)를 신설하겠다는 계획을 4월 20일 장애인의 날에 발표했습니다. 그러나 지역 주민들이 장애인 교육 시설에 대한 반감을 표출하며 학교 설립에 반대했고, 이런 흐름은 해당 지역구 국회의원이 같은 부지에 국립한방의료원 건립을 추진하겠다는 의사를 밝히면서 더욱 노골화됩니다. 결국 서울시 교육청이 2017년 7월 추진한 1차 주민토론회는 특수학교 설립을 반대하는 주민들의 물리적 저지로 무산되었습니다. 그리고 두 달 뒤 9월에 열린

2차 주민토론회에서는 장애인 자녀를 둔 부모들이 '어떤 모욕도 감수하겠지만, 아이들 학교만은 포기할 수 없다'라고 호소하며 지역 주민들 앞에서 무릎을 꿇는 일까지 벌어집니다.

자, 이런 상황을 어떻게 받아들이고 이해해야 할까요? 국가인권위원회가 2017년 9월 17일 장애인차별시정위원회 명의로 발표한 결정문 내용을 참조할 수 있을 듯합니다.[5] 국가인권위원회는 장애인 특수학교가 지역사회 안전이나 발전을 저해한다는 것은 근거가 없을 뿐 아니라 유독 특수학교만은 안 된다고 반대하는 것은 "개인과 집단의 이익을 위해 학령기 장애아동이 누려야 하는 기본권의 동등한 향유를 막는 행위"라고 강조하면서, 이러한 행위는 "헌법 제11조, 〈교육기본법〉 제4조, 〈장애인차별금지 및 권리구제 등에 관한 법률〉의 평등 정신에 위배"된다고 밝혔습니다. 즉 지역 발전에 대한 주민들의 요구가 민주적 토론의 대상이 될 수는 있으나 개인과 집단의 '이익'이 국민의 기본적 '인권'보다 우선시될 수는 없음을 분명히 한 것이지요.

장애학생을 비장애학생과 분리해 별도 시설에서 교육해야 할 이유는 없다

2017년 9월 장애인 부모들의 '무릎 호소' 이후 특수학교 건립을 지지하는 광범위한 여론이 형성되면서, 정부와 서울시도 그 흐름을 타고 발 빠르게 움직였습니다. 교육부 장관은 "특수학교 설립은 장애학생들의 교육권 확보를 위해 양보할 수 없는 것"이라는 단호한 입장을 밝혔고, 서울시 교육감도 "서울시 모든 자치구에 특수학교를 짓겠다"라고 공표했습니다. 여당의 한 국회의원은 모든 기초지방자치단체에 특수학교를 의무적으로 설치하도록 하는 〈초·중등교육법〉 일부 개정안을 발의하기도 했지요. 그리고 2017년 12월 교육부는 특수학교를 대폭 확충하는 내용을 담은 〈제5차 특수교육발전 5개년(2018~2022) 계획〉을 발표했습니다. 또한 오랜 진통 끝에 2018년 9월 서울시 교육청과 강서구 주민들은 상호 협력을 약속하고, 강서구의 서울서진학교는 2020년 3월 무사히 개교합니다.

그러나 강서구 특수학교 사태는 장애인 교육권의 올바른 보장이라는 측면에서 매우 씁쓸하고도 우려스러운 숙제를 남긴 사건이기도 합니다. 1994년 〈특수교육진흥법〉 전부 개정 때부터 법률에 명시되고 2007년 새롭게 제정된 〈장애인 등에 대한 특수교육법〉에서 다시 한번 확인된 장애인 교육의 원칙은 '통합교육(inclusive education)'입니다. 정부가 시행하고 있는 여러 장애 정책에서 그 목적으로 제시하고 있는 것도 '사회통합(social integration)'의 실현이지요. 그러나 이러한 사회통합은 말이나 구호로 달성할 수 있는 게 아닙니다. 사회생활이 이루어지는 구체적 삶의 현장에서 장애인과 비장애인이 자연스럽게 부대끼고, 소통하고, 경험을 공유할 때 가능합니다. 한 인간의 삶을 미성년기, 청년기, 장년기, 노년기와 같은 생애주기 관점에서 본다면 미성년 시기의 사람들이 일상에서 가장 많은 시간을 보내고 '나' 아닌 다른 사람을 만나면서 사회적 관계가 형성되는 공간은 바로 학교입니다.

따라서 특수학교가 필요하다는 장애인 부모들의 호소에서 우리는 좀 더 근본적인 문제를 읽어낼 수 있어야 합니다. 즉 경쟁과 우월성이 우선시되는 입시 교육 중심의 한국 교육제도 속에서, 그들의 목소리는 통합교육의 실패를 증언하는 것이었다는 점에 더 많은 주의를 기울여야 하는 것이지요. 그리고 2007년 새로운 법을 제정했는데도 어째서 그처럼 통합교육이 제대로 실현되지 못했는가에 대한 성찰과 함께 구체적 정책 대안을 내놓을 수 있어야 할 것입니다. 장애학생을 비장애학생과 분리해 교육하는 특수학교는 결국 언젠가는 사라져야 할 공간이니까요. 뒤에서 다루게 될 장애인 거주시설과 마찬가지로 말이지요.

왜 수어 통역과 자막이 보편화되어야 하나요?

농인은 의사소통을 할 수 없다?

우리 모두는 각자 몸의 차이를 지니고 있고, 그처럼 다양한 몸을 지닌 사람들과 더불어 살아갑니다. 그들 중에는 농인(聾人)도 있지요. 청인(聽人)들은 흔히 농인은 청각 손상으로 의사소통을 할 수 없는 사람이라고 여깁니다. 하지만 이런 경우를 한번 생각해봅시다. 제가 길을 가는데 외국인이, 이를테면 영국인이 저를 향해 뚜벅뚜벅 다가옵니다. 저는 슬금슬금 피해 가려고 하는데 그 사람이 제 앞을 가로막고 영어로 말을 거는 겁니다. 그러면 제가 어떻겠어요? 몹시 당황스럽겠죠. 중·고등학교 때 영어를 배우기는 했지만, 독해와 문법만 죽어라 공부한 탓에 그 사람이 하는 말을 알아들을 수가 없으니까요. 얼굴은 빨게지고 식은땀이 나 끙끙대고 있

는데, 순간 이런 생각이 드는 거예요. '여긴 한국인데, 영어를 못한다고 왜 내가 쩔쩔매야 하지?'

그런 생각에 저는 마음의 안정을 찾고 좀 당당해집니다. 그때부터는 영국인한테 그냥 한국어로 말을 합니다. "아니, 한국에 왔으면 한국어로 이야기를 해주세요, 제가 무슨 말인지 알아들을 수가 없잖아요"라고 하면서요. 그렇게 한쪽은 영어로 이야기하고, 다른 한쪽은 한국어로 떠들면 우리 둘이 의사소통이 될까요? 당연히 안 되겠죠. 결국 그 영국인은 어깨를 으쓱 하고는 뒤돌아 가게 될 텐데요. 여기서 중요한 건, 이 경우 제가 멀어져가는 영국인의 뒷모습을 바라보면서 그가 의사소통을 할 수 없는 사람이라고 생각하지는 않는다는 점입니다.

이번에는 그 영국인 자리에 농인이 있다고 가정해봅시다. 그렇게 농인과 제가 있을 때 저 같은 청인은 보통 입으로, 음성언어로 의사소통을 시도합니다. 농인의 경우에는 어떨까요? 성장 및 교육 환경에 따라 차이가 있을 수 있지만, 일반적으로는 손으로, 즉 수화언어(약칭 '수어')★로 이야기할 겁니다. 이렇게 한쪽은 음성언어로, 다른 한쪽은 수어로 의사소통을 시도한다면 둘이 의사소통이

★ 농인들이 사용하는 손짓언어(sign language)는 통상 '수화'라고 지칭되었으나, 2016년 〈한국수화언어법〉이 제정되면서 '수화언어'가 공식적인 명칭이 되었고 '수어'로 약칭합니다.

될까요? 당연히 잘 안 되겠죠. 그런데 저와 농인이 의사소통을 하지 못하는 것이나, 앞의 경우에서 저와 영국인이 의사소통을 하지 못하는 것이나 사실 매일반 아닌가요? 여기서 의사소통이 안 되는 건 두 경우 모두 각자 자신이 태어난 이후 익힌 첫 번째 언어, 즉 모어(母語)를 사용하기 때문이니까요. 그래서 전자의 경우에는 정당하게도 굳이 누가 의사소통을 할 수 없다고 생각하지 않는데, 왜 후자의 경우 사람들은 일방적으로 농인이 의사소통을 할 수 없다고 여길까요? 뭔가 어폐가 있지 않나요?

장애인이 사회에 적응하듯 사회 또한 장애인에게 적응하기

미국 매사추세츠주 보스턴 남부에는 마서스비니어드(Martha's Vineyard)라는 이름의 섬이 있습니다. 이 섬은 17세기부터 20세기 초까지 유전적 요인과 한정된 집단 내에서 이루어진 결혼으로 인해 다른 지역보다 농인 인구가 많았다고 합니다. 물론 농인 대 청인의 비율은 1:155로 청인 인구가 압도적으로 많기는 했지요. 그런데 흥미로운 건 이 섬의 사람들은 모두 어릴 때부터 자연스럽게 수어를 배웠기 때문에 농인뿐 아니라 청인도 수어를 하나의 공용어처럼 사용할 줄 알았다는 점입니다. 청인들은 농인이 없을 때도 수어를 음성언어와 함께 쓰거나 적절하게 수어만 사용해 의사소통을 하기도 했습니다. 예컨대 교회 예배와 학교의 수업 시간같이 음성언어로 말하는 것이 적절하지 않은 경우나 소음이 심해 잘 들을 수 없는 곳에서는 수어가 일상적으로 사용되었지요.

그러다 보니 마서스비니어드섬에서 '농(聾)'은 신상 명세에 기록되어야 할 특별한 무엇이 아니었습니다. 출생·결혼·사망 기록, 유언장, 토지 양도 문서, 민병(民兵) 명부, 그리고 다른 공적 서류에서 말입니다. 이 섬의 농인들은 지역사회의 학교와 직장과 여가 등 모든 면에서 청인들과 통합되어 있었고, 세금 기록에 따르면 그들 대다수가 평균 이상의 수입을 벌어들였다고 합니다.

농에 대한 마서스비니어드 사람들의 사회적 반응은 듣지 못한다는 객관적 상태에 대한 자연스러운 수용이었습니다. 섬사람들은 농에 아주 익숙해져 그 어떤 특별한 주목도 하지 않았고 농인을 딱히 친절하게 대하지도 않았습니다. 마서스비니어드에서는 한 사회가 장애인에게 일방적으로 적응을 요구한 것이 아니라 그 사회 또한 장애인에게 적응했습니다. 이런 과정을 통해 마서스비니어드는 음성언어 문화와 수화언어 문화가 서로를 인정하며 상호 통합을 이룰 수 있었던 것이지요.

대한민국은 다중언어 국가

한 국가의 국민은 헌법이 보장하는 기본적 인권을 누리며 살아가는데요. 우리가 평소 생각해보지 않은 기본권 중 하나가 바로 '언어권(right to language)'입니다. 조금 생소한가요? 언어권이란 쉽게 말하면 자신의 모어를 사용해 자유롭게 사회생활을 할 수 있는 권리를 말합니다. 한 국가의 국민이 사용하는 언어가 하나라면 언어권을 보장하는 데 국가나 지방자치단체에 별다른 역할이 요구되지 않을 것입니다. 그러나 하나 이상의 언어가 사용되고 있다면 어떨까요? 무언가 적극적 조치가 필요하겠지요. 서로 다른 언어를 사용하는 국민들이 일상에서 의사소통의 단절로 인한 불편함이나 차별을 겪지 않고 사회생활을 할 수 있도록 말입니다.

많은 이들이 대한민국은 한국어 하나만을 사용하는 단일언어 국가라고 생각합니다. 그러나 2016년 제정된 〈한국수화언어법〉은 "한국수화언어가 국어와 동등한 자격을 가진 농인의 고유한 언어"이며, 이러한 수어가 대한민국 국민인 농인의 '공용어'임을 천명하고 있습니다. 즉 대한민국은 한국어와 한국수어 두 가지 언어가 공존하는 다중언어 국가인 것입니다. 이런 관점에서 보면 농인은 다민족국가의 소수민족과 유사하게 소수언어 사용자에 해당한다고 할 수 있습니다. 그렇다면 대한민국 정부가 모든 국민의 언어권을 보장하기 위해 취할 수 있는 조치에는 어떤 것이 있을까요?

첫째, 마서스비니어드섬의 사례에서 보았듯 청인들 모두가 수어를 익히도록 하는 것입니다. 이는 불가능하지는 않지만, 음성언어가 모어인 국민에게는 상당히 수고로운 일이 되겠지요.

둘째, 농인들 모두가 음성언어를 익히도록 하는 것입니다. 과거에는 입술이 움직이는 모양을 보고 대화 상대방의 말을 이해하는 독순(lip reading)과 잔존 청력 및 촉각적·시각적 자극을 활용해 음성언어의 발화를 가능케 하는 구화법(口話法)이 농교육에서 강제되기도 했습니다. 그러나 농인이 스스로 인식할 수 없는 언어를 익혀 능숙하게 사용한다는 것은 불가능에 가깝습니다. 어느 정도 보조적 의사소통 수단이 될 수는 있겠지만요.

셋째, 여러 나라의 사람들이 모인 회의에서 통역 서비스를 제공하고 외국영화에 한글 자막을 제공하듯 수어 통역과 자막을 제공하는 것입니다. 자유의사에 따라 일부 청인은 수어를 익힐 수 있고 또 일부 농인은 구어를 익혀 보조적 수단으로 사용할 수 있습니다. 하지만 이를 모든 국민에게 강제하는 것이 불합리할뿐더러 불가능하다면, 바로 이 세 번째 방법이 '일방주의'가 아닌 '상호주의'에 입각한 가장 합리적인 방법이겠지요?

2016년과 2017년 경주와 포항에서 지진이 발생했을 때, 그리고 2019년 고성에서 큰 산불이 났을 때, 농인들은 지상파 방송에서조

2019년 7월,
서울 서초구 서울지방조달청(기획재정부 서울사무소) 앞에서
장애등급제 진짜 폐지 및 예산 증액 집회가 열렸다.
수어통역사가 한 참가자의 발언을 수어로 통역하고 있다.

차 이와 관련된 속보를 수어 통역으로 접할 수 없어 불안에 떨어야 했고, 실제로 큰 피해를 입기도 했습니다. 그러나 농인단체들의 정당하고도 지속적인 요구에 힘입어 코로나19 상황에서는 중앙방역대책본부 및 지자체의 브리핑에서 수어 통역이 이루어지고 있지요. 또한 2020년 8월부터는 국회 소통관 기자회견에서, 9월부터는 지상파 방송 3사의 메인 뉴스에서도 수어 통역이 제공되고 있습니다.

이런 조치는 시작에 불과합니다. 농인이 청인과 동등한 언어권 및 정보 접근권을 누리려면 TV 방송뿐 아니라 극장, 미술관, 공연장 등 각종 문화 시설, 주민센터나 구청 같은 공공기관, 대형 마트나 은행 같은 다중 이용시설 등 일상생활 전반에서 수어 통역이나 자막 서비스가 제공되어야 합니다.

중증장애인들은 시설에서 지내는 게 안전하지 않나요?

시설은 장애인이 아니라 주류 사회를 위해 존재하는 것

"수십 년 세월을 골방에 갇혀 시설에 처박혀, 차별과 억압 피눈물 속에 살아온 동지여……." 장애인권 운동의 현장에서 많이 불리는 〈장애인차별철폐투쟁가〉의 첫 소절입니다. 한국 사회에는 장애인을 지역사회로부터 격리하는 시설이 전국 곳곳에 존재하고, 그곳에서 여전히 수만 명의 장애인이 살아가고 있습니다.

장애인 관련 '시설'에는 장애인복지관, 주간보호센터, 수어통역센터, 점자도서관 등 지역사회에서 이용하는 시설도 있지만, 시설이라고 하면 통상 '거주시설'을 가리키는 것으로 이해됩니다. 그리고 장애인권 활동가들은 보통 거주시설이라는 법적 용어보다 '수용시설'이라는 용어를 더 많이 씁니다. 그 말이 장애인 관련 시설의 성격을 좀 더 잘 드러내주니까요.

국가인권위원회가 2017년 실시한 중증장애인 거주시설 생활인에 대한 실태조사에 따르면, 이들 가운데 자발적 의사로 시설에 입소한 비율은 14.3퍼센트에 불과했습니다. 스스로 입소를 결정했다고 응답한 이들 역시 가족에게 부담이 되기 싫고, 집에 혼자 있는 것이 힘들거나, 가족 내에서 여러 가지 갈등이 증폭되는 과정에서 시설로 쫓겨 오게 된 경우였고요. 그리고 시설에서의 일상은 개인의 기본적 자유와 프라이버시가 전혀 보장되지 않는 삶이었습니다.

예컨대 기상·취침 시간과 식사 시간을 스스로 결정할 수 없는 경우가 각각 55퍼센트와 75.4퍼센트였고, 현대 사회의 필수품이 된 휴대폰을 사용하지 못하는 생활인이 71퍼센트였으며, 자신의 통장조차 타인에 의해 관리되는 이들이 61.7퍼센트였습니다. 또한 응답자의 과반 이상인 58퍼센트가 10년 이상 시설에서 생활해왔으며, 20년 이상인 경우도 25퍼센트에 달했습니다.[6] 장애인권 운동에서 시설을 '형기 없는 감옥'이라 부르는 게 결코 과장된 표현이 아닌 것이지요.

중증장애인들이 이런 시설에서 살아가는 게 비장애인 중심의 주류 사회에는 좋은 일일지도 모릅니다. 그들의 입장에서 시설은 비용과 책임을 최소화하며 장애 문제를 '처리'할 수 있는 방안이니까요. 그러나 장애인에게 최악의 시설과 차악의 시설은 있을지언정 인권이 보장되는 좋은 시설이란 있을 수 없습니다. 자신의 일상을 일방적으로 타인에게 통제받는 삶, 그 자체가 인권 침해이기 때문입니다.

그래서 2006년에 제정된 〈유엔 장애인권리협약〉(UN Convention on the Rights of Persons with Disabilities)은 제19조 '자립 생활과 지역사회 통합'에서 "이 협약의 당사국은 모든 장애인이 다른 사람들과 동등한 선택권을 가지고 지역사회에서 살 수 있는 동등한 권리를 지님을 인정"하며, "장애인은 (…) 특정한 거주형태에서 살도록 강요받지 않는다"라고 규정함으로써 탈시설의 권리를 명문화하고 있지요. 대한민국도 2009년 1월 이 협약을 비준했습니다.

시설 존속은 제도의 문제일 뿐

누군가는 중증장애인들은 지역사회에서 자립할 능력이 부족하기 때문에 시설에서 살아갈 수밖에 없다고 생각할지도 모릅니다. 그러나 한국과 달리 이미 오래전 장애인 시설 자체를 없앤 나라들도 있습니다. 대표적 사례가 노르웨이와 스웨덴이지요. 장애인 시설의 생활인 대부분은 발달장애인(지적장애인과 자폐성장애인)이 차지하고 있는데요, 1985년 발간된 노르웨이 정부 보고서《발달장애인의 생활 여건》은 "시설에서 발달장애인이 처해 있는 생활 여건은 인간적으로나 사회적으로나 문화적으로 용납될 수 없"는 것이며, "그러한 상황은 활동의 재조직화나 자원 공급의 증가에 의해 실질적으로 변화될 수 없다"라고 결론 내립니다. 그리고 이 보고서의 내용과 입장에 따라 노르웨이에서는 1988년 6월 시설 체제의 전면적 개혁을 위한 입법 조치, 일명 '시설해체법'이 시행됩니다.[7]

그 법은 장애인의 신규 시설 입소는 1991년 1월 1일을 기점으로 종료되고, 기존의 시설 생활인들도 1995년 12월 31일까지 모두 지역사회에 있는 자신의 주거 공간으로 옮겨야 하며, 이에 따른 비용은 모두 중앙정부가 각 자치구에 지원해야 한다고 명시했습니다. 그리고 탈시설을 한 장애인은 국가주거은행(National Housing Banks)의 규정에 따라 개인당 약 17평 이상의 독립적 주거 공간을 보장받았습니다. 또한 〈사회보장법〉에 따라 26세 이전에 장애를 갖게 된 사람들—인지적 발달에 장애가 있음을 의미하는 발달장애는 그 정의상 모두 여기에 포함됩니다—에게는 연간 최소 17만 3,500크로네(약 2,400만 원) 이상의 장애급여를 지급하고, 〈사회서비스법〉에 의거해 시간 제한 없이 활동지원 서비스를 이용할 수 있도록 했습니다. 노르웨이의 이웃 국가인 스웨덴에서도 1990년부터 본격적인 탈시설 작업이 시작되었고, 1997년 10월 제정된 〈특

수병원 및 거주시설 폐쇄법〉에 따라 1999년 12월 31일까지 모든 장애인 시설이 폐쇄되었지요.[8]

이러한 사례에서 확인할 수 있듯 한 사회가 장애인과 더불어 살아가기 위한 제도를 정비하고 시스템을 갖춘다면 시설은 존재할 필요가 없습니다. 우리나라는 〈유엔 장애인권리협약〉에도 가입했고, 문재인 정부도 커뮤니티 케어(지역사회 통합돌봄)가 복지 개혁의 중심축이 되어야 함을 천명한 바 있지요. 물론 그 후 아무런 제도적 뒷받침도 해주고 있지는 않지만요. 그러고 보니 시설을 의미하는 영어 'institution'은 또한 제도를 의미하기도 하네요. 장애인들이 시설에서 격리된 삶을 살아야 하는 건 제도의 문제이지 그들의 능력 문제가 아니라는 말입니다.

탈시설 권리 보장을 위해 필요한 것

장애인이 탈시설을 하고 지역사회에서 자립하려면 지역사회의 환경 변화가 반드시 수반되어야 합니다. 이를 위해 필요한 기본적인 세 가지가 바로 노르웨이의 '시설해체법'을 설명하며 언급한 주거·소득·사회 서비스 개혁입니다. 한국의 경우 현재 탈시설을 원하는 당사자들의 상황을 생각하면 가장 긴급한 변화가 요청되는 건 사회 서비스가 아닌가 싶습니다. 양적 측면과 질적 측면 모두에서요.

과거 한국 사회는 의학적 기준으로 설정한 1~6급의 장애등급에 따라 장애인이 제공받을 수 있는 사회 서비스를 일률적으로 제한했습니다. 그러다 보니 장애인이 지역사회에서 자립하기 위한 서비스가 개인의 필요에 맞추어 제대로 제공될 수 없었지요. 이 때문에 장애인권 운동은 이 장애등급제를 장애인의 자립 생활을 가로막는 적폐로 규정하고, 2012년 8월 21일부터 2017년 9월 5일까지 1,842일간 광화문 지하보도에서 농성을 진행했습니다. 만 5년이 넘는 긴 시간이었습니다. 이러한 노력 덕분에 2019년 하반기부터 장애등급제가 단계적 폐지의 수순에 들어갔습니다. 즉 형식적으로는 장애등급이 사라졌고 일상생활에 필요한 지원을 '장애인 서비스 지원 종합 조사표'에 따라 제공받게 된 거죠.

그런데 정부는 장애등급제가 폐지된 첫해인 2020년도 활동지원 서비스 예산을 장애인 1인당 '월(月) 평균' 127시간에 맞춰 편성했습니다. 2021년 역시 마찬가지고요. 장애인 시설이 존재하지 않는 스웨덴은 어떨까요? 공교롭게도 스웨덴 역시 2015년을 기준으로 장애인 1인당 평균 127시간의 활동지원 서비스를 제공받았더군요. 단, '월 평균'이 아니라 '주(週) 평균' 127시간을요. 네 배에 이르는 서비스 양의 차이를 어떻게 설명해야 할까요? 스웨덴의 장애인들이 필요하지도 않은 서비스를 제공받고 있는 것일까요? 결코 그렇지 않겠지요.

그리고 현재 시설에 수용되어 있는 장애인의 80퍼센트가 발달장애인이라는 현실을 직시한다면, 당연히 중증발달장애인에 대해서는 그 필요도에 따라 24시간 지원 체계를 마련하는 방향으로 서비스가 구축되어야만 합니다. 그러나 이런 지원 체계의 핵심 중 하나인 발달장애인 주간활동 서비스는 당사자들과 가족들이 요구했던 일일 8시간에 훨씬 못 미치는 최대 5.5시간으로 한정되어 있습니다. 더욱이 주간활동 서비스를 이용할 경우 활동지원 서비스에서 일정 시간을 차감하기 때문에, 어떻게 해도 서비스의 공백이 발생할 수밖에 없는 구조이지요. 이에 대한 개선이 시급히 필요합니다.

또한 발달장애인에게 제공되는 사회 서비스에는 그들의 의사소통과 자기결정을 지원하는 서비스가 꼭 포함되어야 합니다. 법무부는 2013년 12월부터 성폭력 피해를 당한 발달장애인이 수사와 재판 과정에서 겪는 의사소통의 어려움을 지원하고자 진술조력인 제도를 운영해왔습니다. 그리고 이 진술조력인의 성격을 일종의 '통역사'로 나름 적절히 규정하고 있습니다. 그런데 비장애인 중 경찰·검사·판사만이, 그리고 발달장애인 중 성폭력 피해자만이 상호 소통의 과정에서 장벽을 경험할까요? 당연히 그렇지 않겠지요. 따라서 발달장애인의 탈시설이 가능하려면 진술조력인 제도와 같은 지원 체계가 전면적으로 확대 개편되어, 다양한 일상생활 영역에서 하나의 사회 서비스로 제공되어야 할 것입니다.

6장

난민으로 읽는 인권

박진숙

활동가. 고려대학교 불어불문과, 서울대학교 대학원 불어불문과를 졸업하고, 연세대학교에서 아동가족학과 석사학위를 받았다. 2006년 6월 '세계 난민의 날'에 콩고 난민 여성 '미야'를 만나면서 난민들과 처음 인연을 맺었다. 그 후로 미야를 비롯해 네 명의 콩고 엄마에게 한국어를 가르치며 친구가 되었다. 2009년 콩고 난민 엄마들과 문화·경제 공동체 '에코팜므'를 세웠다. 현재 난민 문제를 생각하는 책을 쓰거나 번역하고 강의를 한다.

난민이란 어떤 사람을 말하나요?

'난민'은 특별한 사람이 아니다

몇 년 전 수도권의 어느 중학교에 강의를 하러 갔어요. "난민 하면 떠오르는 단어가 뭐예요?" 하고 물으니 여기저기서 이런 대답이 나왔어요. "도망자요." "범죄자요." "거지요." 심호흡을 하고 조금 더 기다렸더니, "불쌍한 사람이요" "어려운 사람이요"라는 대답이 연이어 들리더군요. 아, 이것이 중학생들이 떠올리는 난민의 이미지구나 싶었습니다.

비단 그 학교에서만 겪은 일은 아니에요. 정도의 차이가 있을 뿐 전국 어디를 가도, 다양한 직업이나 나이대의 사람을 만나도 비슷해요. 강의를 시작할 때부터 이렇듯 차갑고 부정적인 반응을 만나는 일이 반복되다 보니 어떻게 설명해야 난민을 좀 더 가깝게 느낄 수 있을까 고민에 빠졌죠.

그래서 얻은 결론은 난민을 이렇게 정의하면 어떨까 하는 것이었어요. '난민은 특별한 상황에 처한 평범한 사람이다.' 배우 유해진이 2015년 6월 11일 JTBC 뉴스룸 인터뷰에 출연했을 때 배우를 "보통 사람의 특별한 직업"이라고 설명한 말에서 따온 거랍니다. 그러니까 난민은 불쌍하거나 대단하거나 별난 사람이 아니에요. 어느 날 갑자기 닥친 어려움 때문에 자기 나라를 떠나 다른 나라로 가서 보호를 요청한 사람일 뿐이죠. 그 '갑자기 찾아온 어려움'은 종교나 정치, 민족 문제에서 비롯된 경우가 많아요.

제1·2차 세계대전과 이후 아시아와 아프리카에서의 분쟁과 냉전 등으로 다수의 난민이 발생했는데요. 난민을 보호하고 이들의 인권과 기본적 자유를 보장하고자 1951년 유엔에서는 '난민의 지위에 관한 협약'(아래 '난민협약')을 채택, 발효합니다. 이때 협약에서 규정한 난민의 정의를 찾아보면 이렇습니다.

> (난민이란) 인종, 종교, 국적, 특정 사회집단의 구성원 신분 또는 정치적 의견을 이유로 박해를 받을 우려가 있다는 충분한 이유가 있는 공포 때문에 자신의 국적국 밖에 있으면서 국적국의 보호를 받을 수 없거나 또는 그러한 공포로 인하여 국적국의 보호를 받는 것을 원하지 아니하는 자.[1]

협약상의 정의에 보면 난민으로 인정받는 사유에는 다섯 가지가 있어요. 이 중 인종, 종교, 국적, 그리고 정치적 의견은 쉽게 이해가 갈 거예요. 다만 '특정 사회집단의 구성원 신분'이라고 표현된 부분은 좀 어렵게 느낄 수 있을 텐데요. 예를 들어, 여성 할례나 양심적 병역거부자가 여기 속한다고 하겠습니다.

여성 할례란 남성으로 말하면 남성 성기의 포피를 잘라내는 포경수술과 비슷해요. 남성의 포경수술은 위생상의 이유로 하는 간단한 시술을 말해요. 한때 한국에서는 남자아이가 태어나자마자 포경수술을 시켰다고 해요. 지금은 갓 태어난 아이에게 포경수술에 따르는 큰 고통을 주는 것은 옳지 않다고 여겨져 줄어든 추세예요. 아이가 좀 더 자라 스스로 판단하고 결정할 수 있을 때 본인의 선택에 따라 수술을 받도록 하는 경우가 더 많아졌어요.

위생상의 이유로 시술하는 남자아이의 포경수술도 이렇게 선택의 문제로 생각이 바뀌었는데, 지금도 아프리카의 여러 나라에서는 1억 명 넘는 소녀들이 여성 할례를 받는다고 해요. 여성 할례는 위생의 목적이 아니라 성적 쾌락을 느끼지 못하도록 하는 일종의 '종교적 통과 의례'예요. 정신적·사회적으로 성숙한 어른이 되는 것과 무관한 행위인데도 이 의식을 거치지 않으면 결혼을 할 수가 없다고 해요.

그런데 더 큰 문제는 이 의식이 공인된 병원에서 깨끗하고 안전한 장비로 이루어지지 않는다는 점이에요. 보통 마을에서 영험하다고 일컫는 여성이 잘 소독하지 않은 가위나 칼로 열네댓 살 소녀들의 성기 일부를 잘라내는 데다 후속 조치도 제대로 하지 않다 보니 여러 가지 부작용이 생깁니다. 월경을 할 때 피가 잘 흘러나오지 않는다든지 심지어 아이를 낳다 병을 얻거나 사망하는 일도 적지 않게 일어나는 것이죠. 그래서 소녀들이 할례를 피해 다른 마을이나 도시로 도망을 가면 가족들이 어떻게든 찾아내 괴롭히는 터라 제대로 된 삶을 영위하기가 어려울 정도예요.

결국 박해를 견디다 못해 용기를 낸 몇몇 여성은 자기 나라를 떠나 다른 나라로 가 난민으로 인정받기도 합니다. 한국에도 그렇게 난민이 된 경우로 우간다에서 온 모니카(가명)가 있어요. 젠더(사회적 성) 사유가 아직 난민 협약에 포함되지 않아 여성 할례를 이유로 난민이 된 경우는 '특정 사회집단 구성원 신분'에 속해요.

양심적 병역거부라는 말을 들어봤지요? 이 역시 나머지 네 개의 사유 어디에도 속하지 않기 때문에 '특정 사회집단의 구성원 신분' 사유에 들어갑니다.

최근 주목을 받는 난민의 사유는 '기후 난민' 혹은 '환경 난민'이에요. 온난화로 인한 비정상적 기후변화, 빠르게 진행 중인 사하라 남쪽 지역의 사막화 등으로 강제 이주를 해야 하는 사람들이 해마다 엄청나게 늘고 있어요. 기후로 인해 고통당하는 사람들의 수가 전 세계적으로 이처럼 가파르게 증가하면 머지않아 난민 협약의 난민 사유에 '환경'이 추가되지 않을까 예상하는 사람들이 많습니다.

가장 두려운 순간에 가장 큰 용기를 낸 사람들

난민은 우리의 삶과 그리 멀리 있지 않아요. '누구든 난민이 될 수 있다'라고 생각하면 더는 난민을 외계인 보듯 바라보지 않을 거예요. 게다가 한국은 1950년대에 한국전쟁을 겪으면서 난민을 가장 많이 발생시킨 나라였죠. 그 이후로도 민주화를 이루는 과정에서 정치적 의견이 달라 타국으로 망명해 난민이 된 경우도 적지 않아요. 고 김대중 대통령이 대표적 예죠. 《나는 파리의 택시운전사》라는 책으로 한국 사회에 '톨레랑스(관용)'라는 개념을 알린 홍세화 씨도 정치 난민으로 프랑스에서 긴 세월을 보내다 어렵게 고국으로 돌아온 분이에요.

저는 2006년부터 프랑스어권 아프리카 난민들의 소송에 필요한 통·번역으로 시작해, 콩고 여성들의 한국어 선생님으로서 난민들과 친구가 되었습니다. 2009년에는 콩고 여성들과 함께 이주여성을 위한 문화·경제 공동체 '에코팜므'를 설립해 난민에게 예술교육을 제공하고 이를 통해 생산된 작품들을 판매해 난민의 자립을 돕고 있어요. 아프리카와 아시아 여러 나라에서 온 난민들을 만나온 저는 난민을 이렇게 소개합니다. "난민은 가장 두려운 순간에 가장 큰 용기를 낸 사람들이다." 제가 만나본 수백 명의 난민 대부분은 자기 소신이나 신념을 지키려다가, 혹은 스파이라는 억울한 누명을 쓰고 고초를 당하다가 낯선 나라 한국에 온 사람들이었어요.

그들의 이야기를 들으며 '내가 만약 저렇게 생각의 자유를 빼앗기고 목숨이 위협당하는 상황이라면 그것이 잘못된 일이라고 말할 용기를 낼 수 있을까?' 상상해보곤 해요. 답을 내기가 어렵더군요. 가족과 친구를 고향에 두고 간단한 짐과 얼마 안 되는 돈만 겨우 챙겨 황급히 비행기에 오를 때의 심정이 어땠을지 가늠하기가 쉽지 않았어요. 미지의 땅이 과연 나를 반겨주고 보호해줄지 아무런 확신도 없이 인천공항에 발을 디딘 후 바닥부터 다시 삶을 일구어내는 난민 친구들을 보면서 참으로 강인한 사람들이구나 하고 생각합니다.

난민은 제대로 보호받고 있나요?

벨기에와 네덜란드에서 만난 난민

2009년 서울 지역 청소년 다섯 명과 함께 독일을 비롯해 유럽 국가들의 난민 제도를 조사하러 다녀왔습니다. 벨기에의 수도 브뤼셀에서 콩고 출신 난민 프레데릭을 만났어요. 당시 프레데릭은 6개월의 직업훈련 과정을 거쳐 막 우체부 일을 시작한 때였습니다. 유럽의 우편제도는 한국과 달라 새벽 3시에 출근해 아침 8시면 배달을 모두 마친다고 했습니다. 배달을 끝내고 우체국 사무실로 돌아와 마무리하고 나면 오전 11시 정도가 된다고 하니, 새벽 3시부터 오전 11시까지 8시간을 일하는 셈이더군요.

프레데릭은 우체부 일에 만족한다고 했어요. 콩고에 있는 가족에게 생활비를 보내준다며 자랑스러운 표정을 지어 보였습니다.

난민지원제도에 대해 자세히 묻자 프레데릭은 벨기에의 '난민을 위한 직업훈련 제도'가 잘 운영되고 있다며 높이 평가했어요.

"직업을 얻기 전까지 숙식을 비롯해 기본 생활비가 1인당 얼마씩 정해져 있어요. 가족이 많거나 장애인이 있으면 거기에 맞춰서 정확히 줍니다. 다만 직업훈련이 끝나고 직장을 얻어 근로계약을 맺으면 그날 바로 지원이 끊겨요."

프레데릭은 뒤이어 다소 강한 어조로 말했어요.

"벨기에 정부가 난민들에게 직업훈련을 해주고 직업을 찾도록 도와주지 않았다면 난민들은 뭐가 되었겠어요? 도둑이 되기 십상이죠."

난민에게 직업훈련과 일을 찾도록 지원해주는 일이 그만큼 중요하다는 의미였겠죠. 난민이어서가 아니라 누구든 생활고에 시달리고 삶을 영위해나갈 수단이 오랫동안 주어지지 않는다면 인간의 존엄성을 지키기가 쉽지 않습니다.

같은 해 네덜란드 수도 암스테르담의 민간 난민지원센터를 찾아갔을 때도 놀라움의 연속이었어요. 난민 한 사람 한 사람 개별 파일을 만들어 한쪽 벽 가득 꽂아놓았더군요. 난민들의 학력과 재능, 원하는 직업을 프로파일링한 자료였어요. 난민 개인의 특성을 고려하지 않은 채 무작위로 취업을 시켰다가 직장에 잘 적응하지 못하는 바람에 사회적 인식이 나빠진 일을 계기로 난민의 일자리

매칭 방식을 전환했다는 설명을 들었습니다. 단순히 일자리를 주는 것을 넘어 각자에게 맞는 '적합한 일'을 찾아주었을 때 난민과 기업 양측 모두 만족하게 되었고, 자연스럽게 네덜란드 사회에서 난민에 대한 인식도 좋아졌다고 해요. 일석이조의 효과를 얻은 거죠.

아시아에서 유일하게 국내법으로 제정된 한국의 난민법

사실 한국은 아시아에서 유일하게 국내법으로 난민법을 제정해 시행 중인 나라입니다. 난민법 제정을 위해 법률 지원을 하는 시민단체 활동가들이 엄청나게 공을 들였지요. 시민사회의 노력이 결실을 거둬 2012년 난민법이 제정되었고, 2013년 7월부터 시행되었습니다.

국내의 난민법 제정 이후 나아진 점이 있다면 난민 심사를 위해 신청자 인터뷰를 진행할 때 법률인을 비롯한 조력자의 동석 및 녹화가 가능해져 그간 인터뷰 과정에서 당했던 부당함을 해소하게 됐다는 거예요. 하지만 정작 경제적·사회적·문화적 권리인 '사회권' 측면에서는 난민 처우가 별로 나아지지 않았습니다.

그런데 아이러니하게도 한국은 2012년 난민법이 시행된 시점부터 난민 인정률이 바닥으로 곤두박질쳤습니다. 왜일까요? 여러

가지 원인을 생각해볼 수 있습니다. 먼저, 2011년 발생한 시리아 내전이 있죠. 바샤르 알아사드 대통령이 오랫동안 독재하자 그의 퇴출을 요구하는 반정부 시위가 발생했는데요. 그런 가운데 종파 갈등과 주변 아랍국 및 서방 국가 등의 개입, 미국과 러시아의 대리전쟁 등의 복합적인 원인이 작용해 지금까지 이어지고 있습니다. 그로 인해 전 세계적으로 난민의 수가 급증했습니다.

그즈음 K팝이나 K드라마 등으로 우리나라의 대중문화가 아시아와 아프리카에 알려지면서 한국으로 망명하고자 하는 바람이 많이 생겨났고요. 한국의 입장에서 보자면, 급증하는 난민 신청자 수에 비해 난민 관련 예산은 제자리걸음이었고 그러다 보니 난민 업무를 감당할 공무원의 수가 턱없이 모자랐죠. 이 모든 이유가 난민 인정률을 떨어뜨린 거예요. 게다가 유럽과 중동의 국가들이 폐쇄적 출입국 정책을 펼치기 시작했다는 점도 원인으로 고려할 수 있습니다.[2]

한국의 난민 인정률은 2019년 기준으로 0.4퍼센트입니다. 쉽게 말해 100명이 난민 신청을 하면 채 한 명도 난민 인정을 받지 못한다는 것입니다. 그야말로 하늘의 별따기만큼 어려운 것이 현실이지요. 다른 선진국 국가들과 비교해볼까요. OECD 국가 평균 난민 인정률은 25퍼센트 정도이고 캐나다는 약 40퍼센트에 이릅니다. 한국은 처음 난민 신청을 받기 시작한 1994년부터 2019년까지

난민법 시행 후 난민 인정률(재정착 난민 제외)

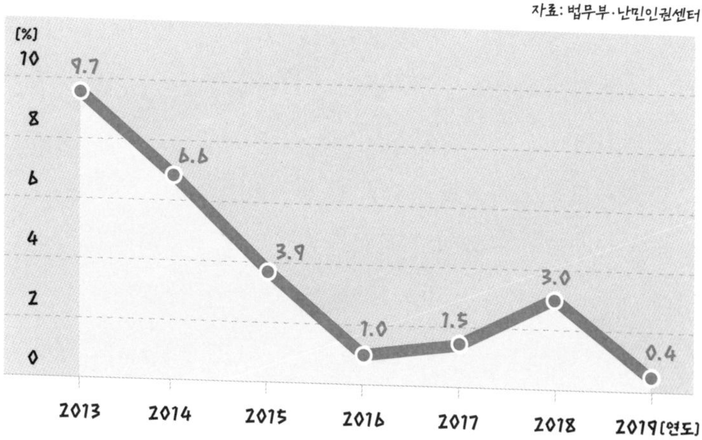

통계를 봐도 1.5퍼센트에 불과합니다. OECD 평균의 20분의 1 수준인 겁니다. 이웃 나라 일본도 1~2퍼센트 수준을 못 벗어나고 있습니다.

난민을 구성원으로 인정하기 힘든 사회적 분위기가 생긴 것은 경제적 부담에 대한 대중의 우려를 가장 큰 이유로 들 수 있겠습니다. 전 세계적으로 예외 없이 경기 침체를 겪으면서 대중들, 그중에서도 특히 청년층의 불안감과 소외감이 높아졌습니다. N포세대, 이생망('이번 생은 망했어'의 준말), 헬조선이라는 말로 흔히 대변되곤 하는 청년층은 높은 실업률에 시달리며 돌파구를 찾고 있지만 만만치가 않습니다. 난민이 들어오면 청년층의 일자리를 빼앗는다는 가짜 뉴스가 맥없이 퍼지는 것도 청년들의 불안감과 허탈함을 반영한다고 할 수 있겠지요. 한국 청년들이 선호하는 대기업이나 공무원 직종으로는 난민들이 전혀 접근할 수가 없는 상황인데도 말입니다.

홍성수 교수가 지적했듯, 1997년 경제위기 이후 본격적 저성장 시대를 맞이하면서 개인의 사회경제적 지위가 취약해졌고 그로 인해 개인의 사회적 불안과 두려움이 증오·혐오·분노로 연결되는 사례가 무수히 많이 목격되고 있습니다. 그중 하나가 "무슬림 난민이 유입되면 사회가 불안해진다"라는 근거 없는 공포감이죠.[3]

난민에게 가장 필요한 것은 제대로 된 '보호'

난민의 이주 목적은 경제적 이익이나 결혼 혹은 학업이 아닙니다. '보호'입니다. 난민을 일컬어 '자기 나라로 돌아갈 수 없는 사람'이라고 이야기하는데요, 고국으로 가면 박해당할 위험이 있어서 그렇게 말하는 겁니다. 그래서 난민협약 중 가장 중요한 조항이 강제송환 금지 원칙입니다. 난민으로 인정받기 전 단계인 난민 신청자 신분이라 하더라도 거주국에서 난민이 아니라는 최종 판결이 나오기 전까지는 그곳에 머물 권리를 합법이라고 보장해주는 거죠.

1992년 유엔난민협약에 가입한 우리나라는 국제적 약속인 난민협약상의 내용을 준수할 의무가 있습니다. 더군다나 아시아에서 유일하게 난민법을 국내법으로 정해 지키고 있는 만큼 난민 보호에 더 힘을 기울여야겠죠. 하지만 앞서 말했듯 현실은 정반대입니다. 한 난민 친구는 이렇게 말하더군요.

"한국에서 난민으로 인정받기가 이토록 어려울 줄 알았다면 여기로 오지 않았을 거예요."

현실 생활에서 난민들이 겪는 어려움은 난민이기 때문만은 아닙니다. 피부색을 비롯해 생김새가 다르다는 이유로 겪는 곤란이 많다고 해요. 특히 출입국관리소나 은행 같은 관공서에서 그렇습니다. 저개발국가에 대한 배타성과 인종에 대한 차별의식이 난민들의 어려움을 더하고 있는 것이지요.

이 글의 서두에서 벨기에와 네덜란드의 난민지원제도를 소개했지요. 사실 유럽도 경제위기를 겪게 되면서 난민을 곱지 않은 시선으로 바라보는 사람들이 늘고 있어요. 그럼에도 이미 정립해놓은 난민 지원 제도가 효율적으로 기능하는 것은 사회적 부담에도 불구하고 난민을 받아들여야 한다는 인식, 곧 인권 존중 의식이 바탕에 탄탄하게 자리 잡고 있기 때문이겠지요. '난민 환영(Refugee Welcome)'을 외치며,[4] 전체 인구(약 8000만 명)의 1.4퍼센트에 해당하는 117만 명의 난민을 받아들인 독일도 모든 국민이 난민을 반기는

2015년 9월 독일 도르트문트에서 한 시민이
'독일에 온 것을 환영합니다'라는 내용의 플래카드를 들고 있다.
이날 수천 명의 난민이 열차를 타고 도르트문트로 왔다.

것은 아니에요. 하지만 메르켈 총리를 중심으로 독일의 대다수 국민은 반대의 목소리를 설득해가며 사회통합이라는 숙제를 하나씩 풀어나가는 중입니다.

'손뼉도 마주쳐야 소리가 난다'라는 속담이 있죠. 난민들이 어느 나라에 가서 잘 적응해나가려면 결코 난민들만 잘해서도, 거주국 정부와 사회만 잘해서도 안 됩니다. 양쪽이 함께 노력을 기울여야 해요. 난민들에게도 각자의 필요와 특성에 맞는 지원이 필요합니다. 아시아에서 유일하게 난민법을 제정해 시행 중인 한국도 명분뿐인 제도가 아닌, 난민들이 실질적으로 활용할 수 있는 지원 정책을 다양하게 펼쳐나가야 해요. 난민을 비인격적으로 대하거나 위협적 대상으로 보고 경계한다면 글로벌 시대에 이뤄나가야 할 사회통합의 길은 더 멀어질 수밖에 없으니까요.

코로나 시대에 난민은 어떻게 살아가야 할까요?

마스크도 살 수 없는 난민들

모로코에서 온 난민 중 아미르(가명)라는 30대 초반 여성의 이야기를 들려주고 싶습니다. 아미르는 50세가 훌쩍 넘은 엄마와 몇 년 전 한국에 왔어요. 소수민족이라는 이유로 정부는 물론이고 남편마저 그녀를 위협해 한국으로 오게 되었답니다. 2002년 월드컵 이후로 한국이 세계에 많이 알려진 데다 최근에는 한국 노래와 드라마가 열풍이 불어 좋은 이미지를 갖고 있지요.

아미르가 드라마에서 접한 한국은 여성의 지위가 높아 보였어요. 열다섯 살에 본인의 의사와 상관없이 결혼을 해야 했던 엄마나 외국 유학을 하고 돌아왔지만 자신의 능력을 발휘할 수 없는 모로코 사회와는 비교도 할 수 없이 좋아 보였던 것이죠. 한국에 가면 더는 소수민족 출신이라 박해받을 일도 없고, 교육받은 여성으로서 좋은 직장을 얻을 수도 있으리라는 기대가 컸어요.

그러나 막상 한국에 와보니 현실은 달랐습니다. 난민 신청을 해 놓고 몇 년이 지나도록 대기자는 많고 담당 공무원이 부족한 탓에 인터뷰 한번 제대로 해보지 못했고 학력도 인정받지 못한 데다 피부색이 다르다는 이유로 괜찮은 일을 찾기가 너무나도 어려웠어요. 본국에서부터 이어진 스트레스로 만성 두통과 신경통, 관절염에 시달리는 엄마를 대신해 이태원을 전전하며 무슨 일이든 닥치는 대로 하며 하루하루 버티다 보니, 정작 자신의 심리적 건강은 돌볼 겨를이 없었지요.

더욱이 2020년 1월 코로나19가 불어닥치자 불안감이 고조되었어요. '외국인인 데다 난민인 내가 코로나에 걸리면 제대로 치료받을 수 있을까?' 덜컥 겁이 났죠. 신분증을 제시해야만 공적 마스크를 구입할 수 있게 되면서 문제는 더 커졌습니다. 난민 신청 접수증만으로는 마스크를 구매할 수가 없었으니까요. 상황이 어려워지자 점점 더 밖에 나가기가 무서웠어요. '마스크를 안 썼다고 한국 사람들이 해코지를 하면 어쩌지?' 하는 불안과 공포가 점점 커져 급기야 공황발작의 단계에 이르렀지만 정작 본인은 자신에게 무슨 일이 일어나고 있는지도 몰랐습니다.

사람들이 많은 전철에 탔다가 숨을 쉴 수 없고 열이 나자 코로나19에 걸린 줄로만 알고 병원으로 향했습니다. 진찰 결과 다행히 코로나19는 아니었지만 공황장애라는 진단을 받았어요. 그동안 난민으로 살면서 병든 엄마를 돌보느라 내색도 못하고 쌓아두었던 스트레스가 폭발한 거죠. 급성으로 발생한 증상이라 시민단체의 도움을 받아 상담을 받고 약을 먹으며 차츰 좋아지기는 했지만 1년이 지난 지금도 완전히 회복하지는 못한 상태입니다.

아미르의 경우와 정도 차이는 있지만 코로나19 유행의 와중에 대부분의 난민 가정이 일자리와 일거리를 잃어 이전보다 더 심한 빈곤에 시달리게 되었어요. 이 땅에 살면서 한국 사람들이 마다하는 허드렛일을 하고 있지만 한국 '국민'이 아니라는 이유로 꼭 필요한 지원에서 배제당하는 일이 비일비재합니다.

어느 이주민 단체에서 '여기 살면 여기 사람'이라는 피켓을 들고 시위하던 모습이 떠오르네요. 코로나19 같은 전 세계적 고난이 불어닥쳐 백신민족주의가 고개를 드는 요즘 낯선 땅에서 철저한 이방인으로 살아가는 난민들의 어깨는 유난히 더 시릴 거예요.

"대한민국의 고집스러운 인종차별주의"

'상호호혜주의'라는 것이 있습니다. 쉽게 설명하자면 이런 태도입니다. '내가 너에게 이만큼 해줄 테니 너도 나한테 이만큼 해줘.' 나라 간에 서로 주는 만큼 받고 받는 만큼 주자는 주의가 바로 상호호혜주의입니다. 코로나19 상황에 적용해보자면, A라는 나라에서 한국인들이 코로나에 걸렸을 때 치료해주면 우리도 한국에 와 있는 그 나라 사람들에게 똑같은 정도의 치료와 지원을 해주는 식인 것이지요.

언뜻 생각하면 상호호혜주의는 좋은 것으로 느껴집니다. 물론 경제력을 비롯해 국력이 비슷한 나라들 간에는 상호호혜주의를 무리 없이 적용할 수 있습니다만 현격하게 차이가 나는 나라들 간에는 어떨까요? 힘이 센 어른이 아이에게 '네가 주먹으로 나를 쳤으니 나도 똑같이 한 대 칠게'라고 한다면 과연 정의로운 것일까요? 평등이라는 개념도 물론 좋은 개념이고 많은 경우 이론의 여지 없이 통합니다. 하지만 상대가 약자일 때는 상황이 다릅니다.

제가 만난 많은 난민은 지인의 도움으로 생전 듣도 보도 못한 나라인 한국에 왔어요. 오고 보니 언어도 통하지 않고 경제적 활동도 할 수 없는 상황입니다. 이웃이나 시민단체, 정부의 지원 없이는 생존을 이어갈 수 없는 연약한 존재가 되고 만 것입니다. 난민이 되는 과정에서 겪은 트라우마(정신적 상처)도 한국에서 적응하는 것을 어렵게 만듭니다.

한시적 어려움에 빠진 난민들을 잘 보호하고 지원해줄 책임은 난민이 거주하는 국가에 있습니다. 난민 이슈는 난민 수용을 찬성하느냐 반대하느냐의 문제가 아니에요. 국제협약에 가입했고 국내법으로 난민법을 갖춘 나라로서 당연히 국제협약과 국내 난민법에서 규정한 내용을 지켜야 합니다. 세계 10위권의 경제 대국이라 자랑하면서도 경제적 부담이 된다는 핑계로 6만 명 수준(1994~2019년까지 누적 난민 신청자)에 불과한 난민을 제대로 보호하고 지원하지 못한다면 국제적으로 면목이 서지 않겠지요.

2018년 7월 1일 자 《뉴욕타임스》는 '대한민국의 고집스러운 인종차별주의(South Korea's Enduring Racism)'[5]라는 제목으로 예멘 난민으로 촉발된 난민 수용 반대 시위를 보도했어요. 당시 한국지사에서 일하던 기자는 이런 말로 기사를 마무리합니다. "만약 북한과 벌어진 전쟁 상황에서 발생한 난민을 다른 나라들이 지금의 대한민국처럼 대한다면 어떻게 할 것인가?" 난민과 관련해 한국은 역사적으로 매우 독특한 위치에 있습니다. 1950년 한국전쟁으로 가장 많은 난민을 발생시킨 나라이면서, 현재 '휴전' 상태이므로 어쩌면 향후 상당히 많은 난민이 발생할 가능성도 없지 않은 나라이기 때문이지요.

2007년 12월 캐나다 토론토의 난민지원 기관들을 돌아보던 중에 만난 캐롤리나가 기억납니다. 캐롤리나 역시 칠레에서 인권 운동을 하다가 정치적 박해를 받아 캐나다로 온 난민이었어요. 그래

선지 난민에 대한 관심과 애정이 각별했습니다. 난민과 더불어 어떻게 일해야 할지 묻는 저에게 캐롤리나는 이런 제안을 해주었습니다.

"'이제는 갚아야 할 때입니다(It's time to pay back)', 이런 표어로 대중 교육을 하면 어떨까요? 한국도 전쟁 때문에 난민이 많이 나왔을 때 국제사회의 도움을 받았잖아요."

제주도로 입국한 난민 vs.
위협을 느끼는 한국인:
누구의 인권을 보호해야 하나요?

2018년 '제주 예맨 난민' 이슈

2018년 1월부터 5월까지 500명 넘는 예멘 난민이 제주공항을 통해 한국에 입국했습니다. 정확히는 561명이었어요. 그중 519명이 난민 지위를 신청했습니다.[6] 유럽이나 미국에 유입되는 난민들에 비하면 아주 적은 수였지만 단기간에 한 나라의 난민 수백 명이 대거 입국한 경우는 처음이어서 세간의 주목을 끌었습니다. 특히 언론이 앞다투어 보도하면서 청와대 홈페이지 게시판에 난민 수용을 반대하는 청원이 올라왔고 거기에 무려 70만 명 넘는 국민이 서명하는 초유의 일이 벌어졌지요.

아마 대한민국이 현대 사회로 접어든 이후 이렇게 난민 이슈에 전 국민의 관심이 집중된 적은 처음이 아닐까 싶습니다. 역설적인 것은 1994년부터 2017년 말까지 예멘에서 입국해 난민 지위를 신청한 사람이 이미 430명이었다는 것입니다.[7]

그렇다면 왜 유독 2018년에 이른바 '제주 예멘 난민 이슈', '제주 예멘 사건'이 온 국민에게서 이토록 큰 관심을 끌었을까요? 제주, 예멘, 난민을 한 덩이로 생각하지 말고 각각 떼어놓고 생각하면 좀 더 쉽게 답을 찾을 수 있어요.

제주라는 섬은 한국에서도 특이한 위치를 차지합니다. 유네스코 자연유산에 등재될 정도의 아름다움을 자랑하기에 외국인, 특히 중국인 관광객이 많이 찾습니다. 더 많은 외국인 관광객을 받아들이기 위해 2002년부터는 비자(사증) 없이도 입국이 가능하도록 허용해주었지요. 이른바 '무사증 입국 제도'라는 것입니다. 다만 무사증으로 제주에 들어온 사람들은 한 달만 머물 수 있고 제주 이외의 지역으로는 갈 수 없습니다. '출도 금지' 장치를 걸어놓은 것이지요.

내전이 일어난 조국 예멘을 어렵사리 탈출한 난민들은 마땅히 갈 곳이 없습니다. 터키와 국경을 맞댄 시리아와 달리 아라비아반도 끄트머리에 위치한 예멘은 아프리카의 에리트레아나 지부티가 근접 국가의 전부라 할 수 있어요. 하지만 2015년 이후부터 이들 나라에는 이미 수십만 명의 예멘 난민이 가 있었기에 포화 상태였죠.

운 좋게 말레이시아로 탈출한 예멘 난민들이 있었으나 그곳 역시 보호받기에 충분한 여건은 아니어서 어려움을 겪던 차에 말레이시아와 제주 사이에 직항 항공 노선이 개통되어 있고 제주는 무사증으로 입국이 가능하다는 사실이 알려지면서, 비슷한 시기에 500여 명이 대한민국에 난민 신청을 하고자 제주도로 들어온 것이지요.

제주도민을 비롯해 대한민국은 500여 명의 예멘 난민을 어떻게 '처리'할지 몰라 당황했어요. 일단 제주도를 떠나 대한민국의 내륙 도시로 들어오지 못하도록 '출도 제한'을 해놓고 대책을 세우는 사이 청와대 자유게시판에 난민 수용 반대 청원이 올라온 거죠. 그러자 일부 언론이 선정적인 가짜뉴스를 쏟아냈고 정부는 그런 여론을 신경 쓰느라 우왕좌왕했습니다.

당시 유례없이 많은 난민 관련 기사가 인터넷을 도배했는데 간혹 난민에게 우호적인 기사가 나오기라도 하면 여지없이 수천 개의 악플이 달렸죠. 난민 인권 활동가들이 인터뷰를 했다가 이른바 '신상이 털리는' 바람에 집에 들어가기가 무섭다고 말하는 지경이었어요.

예멘 난민을 비난하거나 두려워하기 전에 생각해야 할 것

2020년 유엔난민기구에서 진행한 대한민국 난민인식조사 내용을 살펴볼까요? 만 18세 이상의 남녀 1016명을 대상으로 조사한 결과에 따르면, '난민 수용 반대'가 56퍼센트, '난민 수용 찬성'이 33퍼센트였습니다. 2018년 제주 예멘 난민이 이슈화된 당시 여론 조사에서는 전 국민의 53퍼센트 정도가 난민을 받아들이지 말자는 데 의견을 모았는데, 2년 사이에 반대 여론이 더 높아진 것이지요. 2020년의 결과를 연령대별로 살펴보니, 흔히 보수층이라 불리는 50대 이상의 장노년층보다 20~30대 청년층, 그중에서도 여성들의 반대가 심했어요.[8]

가장 큰 반대 이유는 예멘 국민 대부분이 이슬람교도이며 그중에서도 매우 보수적 성향을 가졌다는 점이었습니다. 이슬람이 여성차별적 종교라고 알려졌다는 점도 영향을 미쳤죠. 가부장제가 강하고 조혼 풍습이 남아 있어 15~16세 소녀들이 자신의 의지와 무관하게 결혼을 하기도 한다는 이야기였어요. 과연 보수적인 무슬림주의자, 가부장제, 조혼 풍습 등으로 예멘 난민을 규정해도 될까요? 한번 찬찬히 살펴봅시다.

이슬람교는 정말로 지나치게 보수적이고 나아가 반인권적인 종교일까요? '무슬림' 하면 터번을 두르고 수염이 덥수룩한 남자를 떠올리고 이런 이미지에서 거의 자동적으로 '테러리스트'를 연결 짓고는 합니다. 그런데 사실 우리는 초·중·고교와 대학 교육을 거치는 12년 동안 이슬람교에 대해 제대로 배운 적이 없습니다. 오랜 시간 난민과 함께한 저 또한 그저 코란의 몇 구절과 대표적인 이슬람 건축물 정도를 기억할 뿐이니까요.

경전 '코란'은 이슬람교의 뿌리라 할 수 있습니다. 시대를 거쳐 구전되어온 예언자 무함마드의 계시를 기록한 책으로, 무슬림은 이를 교리로 삼습니다. 하지만 일부 정치가와 테러리스트 같은 극단주의자들은 신성한 교리를 자신의 이득을 취하는 데 이용했죠. 이후 이슬람교와 무슬림을 오해하는 이들이 늘어났고요.

그렇다면 혹시 우리는 그들에 대해 '잘 모르기 때문에' 필요 이상으로 두려움을 느끼는 것은 아닐까요? 낯선 음식을 처음 먹고, 낯선 도시에 처음 발을 디뎠을 때 느끼는 알 수 없는 두려움과 유사한 감정은 아닐까요? 하지만 종교를 악용하는 이들로 인해 공포감이 생겼다 할지라도, 우리에게 그 종교인들을 차별할 권리가 있는 것은 아닙니다. 종교나 인종 등의 요소로 누군가를 판단하고 차별할 경우 또 다른 인권 문제를 야기하니까요.

예멘 사람들의 조혼 풍습은 어떤가요? 예멘을 비롯해 아시아와 아프리카의 여러 나라에는 아직도 조혼 풍습이 남아 있습니다. 비윤리적이고 성차별적이므로 여성의 인권에 분명 악영향을 끼치는 관습이지요. 그러나 나쁜 풍습에 대한 공포감을 이유로 들어 예멘의 난민을 비난할 수는 없습니다. 그보다는 예멘의 조혼 풍습이 어떤 맥락에서 발생했으며, 이전과 현재의 조혼율에 변화가 있다면 그 배경은 무엇인지 살펴보아야 합니다. 실제로 예멘은 2006년 15세 이하 여성의 조혼율이 14퍼센트 수준으로 내려갔는데, 이는 예멘을 비롯한 세계 각국의 페미니스트와 인권 활동가들이 꾸준히 문제 제기를 함으로써 조혼 방지 법안이 통과되기 직전까지 이르렀기에 가능해진 일이죠. 하지만 2015년 북예멘과 남예멘 간에 내전이 발발한 이후 조혼율은 무려 40퍼센트대로 다시 급증했다고 합니다. 전쟁으로 기아와 경제적 어려움에 처한 소녀들이 강제 결혼으로 내몰리게 된 거죠.[9]

예멘 난민을 비난하기 전에 먼저 생각해봐야 할 점이 있습니다. 소년을 전쟁으로 내몰고 소녀를 강제 결혼으로 이끄는 전쟁이 왜 발생하게 되었는지, 그 전쟁터에 무기를 대량 판매하는 선진국들은 어떤 경제적 이득을 얻는지 말이에요. 그러면 제주에 온 예멘 사람들이 한국의 사춘기 소녀들을 보며 자신들의 조혼 풍습을 떠올려 성적 대상으로 여길 것이라는 추측은 '과장된 공포감'이라는 생각이 들 겁니다. 더군다나 그들 역시 만 19세 이상만 법적 결혼이 가능한 한국의 현행법 적용을 받을 테니 조혼은 사실상 불가능하기도 하고요.

한편, 예멘 난민 중에는 젊은 남성이 유독 많은데 그 이유는 무엇일까요? 제가 2009년 유럽에 난민 제도를 조사하러 갔을 때 경험한 일을 다시 소개하고자 합니다. 한국의 청소년들과 함께 독일 뉘른베르크의 미성년 난민 청소년들을 위한 거주지 두 곳을 방문했어요. 한 곳은 남녀 청소년이 같이 머무는 곳이었고, 다른 한 곳에는 오로지 남자 청소년들만 생활하고 있었습니다. 두 곳을 통틀어 수적으로 볼 때 단연 남자가 많았어요.

제가 책임자에게 "왜 남자가 많나요?"라고 묻자 이런 대답이 돌아왔어요. "만약 가족 중 한 명이 고국을 떠나 먼저 다른 나라로 피신해야 한다면 누굴 먼저 보내겠어요? 아마 가장인 아버지거나 아들이겠죠. 보통은 여자에게 더 위험한 여정이라고 생각할 테니까요. 그렇게 가족 중 남자가 먼저 가서 살펴보고 안전하다 싶으면 나머지 가족을 부르는 거죠."

그런 관점에서 생각해보니 쉽게 이해가 갔어요. 게다가 예멘은 내전 중이라 징집을 당할 위험이 높습니다. 만약 징집을 거부하면 수용소에 가서 말로 다 못할 고초를 당할 수도 있다고 해요.

난민은 이방인이 아닌 우리의 이웃

제주에 온 예멘 사람들은 그 이후 어떻게 되었을까요? 2018년에는 태풍이 불어닥친 것처럼 전국이 제주 예멘 난민 이야기로 떠들썩했는데, 그게 무색하리만치 불과 2년여가 지난 지금은 인터넷 뉴스에서 관련 단어조차 찾아보기 힘듭니다. 그렇다면 그때 난민 지위를 신청한 519명의 예멘 사람들 중 과연 몇 명이나 난민 인정을 받았을까요? 단 두 명뿐입니다. 나머지는 '인도적 체류 지위(난민으로 인정할 수는 없으나 내전 상황으로 생명과 신체의 자유를 침해당할 처지의 사람들에게 내주는 지위)'를 받았습니다.[10] 말 그대로 거주국에 머물 권리를 주는 것인데요, 난민으로서 누릴 권리와 지원을 받지 못하는 데다 1년마다 체류 지위를 갱신해야 하는 불안한 신분이라 하겠습니다.

앞서 말했듯 한국의 난민 인정률은 매우 낮습니다. 난민인권센터에 따르면 2019년 1만 5452명이 난민 신청을 했지만, 그중 79명만이 난민 지위를 인정받았다고 해요. 그중에서 재정착 난민(다른 나라에서 난민 지위를 부여받은 난민)은 42명이고요. 난민 심사가 종료된 9286건 중 0.4퍼센트만이 난민 지위를 부여받은 겁니다.[11] 유엔난민기구가 밝힌 세계 평균 난민 인정률 38퍼센트와 비교하면 그 100분의 1 수준에 불과합니다.[12]

2018년 제주에 온 예멘인 난민 신청자들이
1년간의 인도적 체류 허가를 받고
제주출입국·외국인청을 나서는 모습이다.

철 지난 유행가처럼 사람들의 기억에서는 사라졌지만 제주 예멘 난민 이슈는 한국 사회에 시사점과 고민을 남겨주었습니다. 처음으로 난민에 관한 논의를 본격적으로 불러일으키면서 난민 문제에 대한 한국인의 인식을 드러내주었죠. 그 덕분에 대중들의 난민 이해도가 높아지기도 했습니다. 유엔난민기구와 한국리서치가 공동으로 진행한 조사에 따르면, 제주 예멘 난민 이슈로 우리 국민의 난민에 대한 이해도가 종전의 40퍼센트에서 50퍼센트로 높아졌다고 합니다. 또한 예멘 난민들을 불법 입국자가 아닌 내전으로 인해 피신한 '전쟁 난민'으로 인식하는 이들이 전 세대에서 고르게 나타났다는 점도 의미 있는 변화라고 하겠지요.[13]

우리는 어떤 난민이 왜 난민이 될 수밖에 없었는지, 그 이전의 삶이 어땠는지, 앞으로 어떤 삶을 살기를 원하는지에는 관심을 두지 않습니다. 그보다는 우리의 것을 빼앗으러 오지나 않았을까 경계하는 태도를 보이고는 하죠. 경제가 어려워지고 삶이 팍팍할수록 어떤 나라든지 보수화 경향이 짙어집니다. 사회 내의 긴장감과 피로도가 높아지면서 우리의 불만과 불평을 다른 누군가에게 쏟아내려는 마음도 생기는 것 같고요. 이때 가장 약자이면서 '우리'의 테두리 바깥에 존재하는 이방인, 특히 난민에게 그 화살이 돌아가는 게 아닐까 싶습니다. 난민들은 우리 것을 빼앗으러 온 침범자도 아니고, 무엇을 얻어먹으러 온 거지는 더군다나 아닙니다.

난민은 '보호'를 청하러 온 사람들입니다.

아무리 본국에서 대학이나 대학원을 나오고 기자나 회계사 같은 좋은 직업을 누리던 사람이라 할지라도 현실적으로 '우리'의 일자리를 가져가지 못하지요. 안타깝게도 한국에 와서는 공장을 전전하며 힘겹게 일하고 있습니다. 학력이나 경력을 인정받지 못하는 데다 언어도 통하지 않고 피부색도 달라 서비스 직종에서 일하기도 어려우니까요. 2018년 예멘 난민들에게 제주도 차원에서 취업을 알선해준 곳도 대부분 어업 계통이었습니다. 보통 어업은 노동 강도가 가장 세다고 알려져 있지요. 그러다 보니 고국에서는 주로 사무실에서 일하던 지식인 출신 예멘 사람들이 감당하기에 어려움이 많았을 겁니다.

일방적 시혜의 관점에서 일자리를 지원하면 부작용이 생길 수밖에 없습니다. 장기적 관점에서 난민들이 한국 사회에 잘 적응하도록 도와 사회통합을 이뤄가려면 각자의 재능과 경험에 따라 맞춤식 직업교육을 제공할 필요가 있어요. 이 땅에 사는 동안 적정한 교육을 받고 이웃으로 받아들여진다면 인간으로서 최소한의 존엄을 누리며 살아갈 수 있을 겁니다. 만약 최종적으로 난민으로 인정받지 못해 어쩔 수 없는 상황이 되거나 난민으로 인정받은 뒤 위협이 해소되어 본국에 돌아가게 될지라도 한국에서 배운 기술과 경험을 활용할 수 있을 거예요. 더불어 한국을 좋은 이미지로 기억하겠지요.

정우성 배우는 유엔난민기구의 친선대사입니다. 한국지부의 홍보대사가 아니라 전 세계 난민을 대변하는 친선대사죠. 2018년 그는 제주 예멘 난민 이슈가 불거졌을 때 난민을 옹호하는 발언을 했다가 엄청난 악플과 혹평에 시달리기도 했지요. 그 일을 겪고 나서《내가 본 것을 당신도 볼 수 있다면》이라는 책을 냈는데요. 저는 그 책을 읽으면서 난민을 향한 그의 진정성에 감동을 받았습니다. 가장 기억에 남는 문구는 '일상의 회복'이었어요.[14] 난민들이 가장 원하는 것은 일상의 회복입니다. 자기가 살던 마을로 돌아가 전에 하던 일을 하고, 저녁이면 가족들이 모여 따뜻한 음식을 나누어 먹는 일상, 아무것도 아닌 그 평범함을 회복하는 것이 모든 난민의 꿈입니다.

난민은 보통의 사람입니다. 다만 특별한 이유로 박해를 받아 어려움을 겪는 사람인 것이죠. '내가 만약 난민이 되어 낯선 나라에 간다면, 어떤 삶을 살고 누구와 어떻게 지낼까?'를 한번 생각해보세요. 그럼 난민이 좀 더 가깝게 느껴질 거예요.

✩ 본문의 주 ✩

1장 청소년으로 읽는 인권

1 보건복지부, 아동전문보호기관, 〈2018 아동학대 주요 통계〉, 2019. 8.

2 〈선진국 "아동 주거복지는 국가 의무"…한국은 백지상태〉, 《한겨레》, 2017. 9. 20.

2장 디지털로 읽는 인권

1 〈확진자 두 번 죽이는 '코로나 낙인'… 갑론을박 '동선 공개' 어디까지?〉, 《제주의 소리》, 2020. 12. 26.

2 〈말하는 로봇은 돌아올 수 있을까?〉, 《시사IN》, 제447호, 2016. 4. 14.

3 〈"이력서에 '여성' 들어가면 감점"…아마존 AI 채용, 도입 취소〉, 《조선일보》, 2018. 10. 11.

4 〈이돈명인권상 받고도 기념사진 공개하지 못하는 이유는〉, 《한겨레》, 2018. 1. 17.

5 〈'잊힐 권리'와 '알 권리'의 충돌… 한국의 선택은?〉, 《조선비즈》, 2016. 4. 12.

6 〈피와 짬뽕국물 뒤섞인 배달원 사고 마주한 김훈, 라이더유니온에 손 내밀다〉, 《경향신문》, 2020. 7. 8.

7 근로기준법(2021. 1. 5. 법률 제12527호로 일부 개정, 시행된 것) 제78조의 제1항.

3장 기후위기로 읽는 인권

1 IPCC, '1st Assessment Report', 1990. 8. 15.

2 기상청, 〈[9월 기상특성] 3일에 한 번꼴 잦은 비, 역대 가장 많은 태풍 영향〉, 2019. 10.

3 NASA, 'Global Climate Change, The Atmosphere: Getting a Handle on Carbon Dioxide', 2019. 10. 9.

4 〈[박상욱의 기후 1.5] '먼 미래'에서 '내 일'로 찾아온 기후변화(50) 성큼 다가온 넷제로, 탄소중립〉, JTBC, 2020. 11. 2.

5 Climate Central, 〈New study triples global estimates of population threatened by sea level rise〉, 2019. 10. 29.

6 그린피스 서울사무소, 〈기후위기로 2030년 300만 명 주거지 물에 잠긴다〉, 2020. 8. 12.

7 기상청, 〈한국 기후변화 평가보고서 2020〉, 2020. 7. 21.

8 7번과 동일.

9 7번과 동일.

10 PWC, Rabobank, Temasek, 'The Asia Food Challenge: Harvesting the Future', 2019. 12. 20.

11 National Centre for Climate Restoration, 'Existential climate-related security risk: A scenario approach', 2019. 5. 22.

12 IMF, 'World Economic Outlook Oct 2017', 2017. 10. 3.

13 〈[박상욱의 기후 1.5] '먼 미래'에서 '내 일'로 찾아온 기후변화(16) 기후변화 정책이 마주치기 쉬운 함정, 양극화〉, JTBC, 2020. 3. 9.

14 김동진, 〈기후변화에 따른 전염병관리분야 적응대책〉, 《보건복지포럼》 제154호, 2009.

15 〈中 "야생동물거래 전면금지…수렵한 고기 먹지 말라"〉, 《뉴시스》, 2020. 1. 27.

16 환경부, 〈지구온난화의 건강피해 가능성 조사 및 피해저감 정책방향에 관한 연구보고서〉, 2005. 11.

17 정석찬, 〈기후변화와 인수공통전염병〉, 국립수의과학검역원, 2011. 5. 24.

18 천병철, 〈신종 감염병의 이해와 대비·대응 방안〉, 《HIRA_정책동향 9권》 제5호, 건강보험심사평가원, 2015. 9.

19 18번과 동일.

4장 젠더로 읽는 인권

1 병역법(2020. 12. 22. 법률 제17684호로 일부 개정, 시행된 것) 제3조의 제1항.

2 국회의원 홍철호, 〈국정감사 보도자료〉, 2014. 9. 24.

3 〈병역판정검사 현황(1996~2019)〉, e-나라지표(www.index.go.kr).

4 "대한민국의 국민인 남자는 헌법과 이 법이 정하는 바에 따라 병역의무를 성실히 수행하여야 한다. 여자는 지원에 의하여 현역에 한하여 복무할 수 있다."

5 〈헌재 "남성에게만 병역의무 부과, 전원일치 합헌"〉, 《연합뉴스》, 2014. 3. 11.

6 세계보건기구(World Health Organization, WHO), 〈국제질병분류 제 11판(ICD-11) 초안 발표〉, 2018. 6. 18.

7 'FACT SHEET INTERSEX', UNFE, 2019. 1. 2.

8 〈'트랜스젠더 입학 허용' 일본 전국 여대로 확산〉, 《연합뉴스》, 2019. 10. 28.

9 〈집도 학교도… 발붙일 곳 없는 '10대 성소수자〉, 《한겨레》, 2020. 7. 2.

5장 장애로 읽는 인권

1 국토교통부, 〈장애인 이동서비스 확충 및 서비스 품질 개선〉, 《장애인 이동권과 장애등급제 폐지에 따른 이동지원 대책》(토론회 자료집), 약자의 눈, 2020. 8. 13, 79~80쪽.

2 변재원, 《장애인 이동권 증진 방안에 관한 연구: 버스 및 특별교통수단을 중심으로》, 약자의 눈, 2020, 12쪽.

3 〈연도별 취학률〉, 교육통계서비스(kess.kedi.re.kr).

4 김성희 외, 《2017년 장애인실태조사》, 보건복지부·한국보건사회연구원, 2017, 312쪽.

5 〈인권위, '강서구 특수학교 설립 반대' 목소리에 일침…"헌법정신에 위배"〉, 《비마이너》, 2017. 9. 18.

6 조한진 외, 《중증·정신장애인 시설생활인에 대한 실태조사》, 국가인권위원회, 2017, vi~viii쪽.

7 Jan Tøssebro, "Deinstitutionalization in the Norwegian welfare state", eds. Jim Mansell and Kent Ericsson, *Deinstitutionalization and Community Living: Intellectual Disability Services in Britain, Scandinavia andthe USA*, Chapman & Hall, 1996, p. 65; 노르웨이 정부 웹 포털(www.regjeringen.no) 참조.

8 Andrew Power, Janet E. Lord and Allison S. deFarnco, *Active Citizenship and Disability: Implementing the Personalisation of Support*, Cambridge University Press, 2013, p. 269.

6장 난민으로 읽는 인권

1 난민협약(난민의정서) 제1조; 난민법 제2조.

2 〈유럽 反난민 확산… 스웨덴마저 8만 명 추방〉,《한국일보》, 2018. 9. 10.

3 마사 누스바움 지음, 임현경 옮김,《타인에 대한 연민》, 알에이치코리아, 2020.

4 〈왜 독일은 난민에 관대하고 동유럽은 적대적인가〉,《연합뉴스》, 2015. 9. 17.

5 구세웅, 〈South Korea's Enduring Racism〉,《뉴욕타임스》, 2018. 7. 1.

6 〈과거 예멘인 14명 난민 인정… 제주 체류자는 2주 뒤 첫 결정〉,《연합뉴스》, 2018. 7. 11.

7 〈예멘인 체류 허가한 지 6개월… 35%가 조선소에서 일해〉,《조선일보》, 2019. 3. 6.

8 〈한국인 난민인식조사〉, 유엔난민기구 한국대표부 홈페이지(www.unhcr.co.kr).

9 〈난민에 대한 편견과 혐오를 멈춰라!〉,《한겨레》, 2018. 6. 20;
〈이슬람에 대한 우리들의 다섯 가지 오해와 편견들〉, 난민인권센터, 2019. 9. 17.

10 〈과거 예멘인 14명 난민 인정… 제주 체류자는 2주 뒤 첫 결정〉,《연합뉴스》, 2018. 7. 11.

11 〈국내 난민 현황〉, 난민인권센터 홈페이지(www.nancen.org).

12 〈난민 인정률 세계평균 38%, 한국 2%…전향적 변화 필요〉,《연합뉴스》, 2018. 9. 15.; 유엔난민기구, 〈Global Trends 2019〉, 유엔난민기구 홈페이지(www.unhcr.org).

13 유엔난민기구, 한국리서치, 〈한국인 난민인식조사〉, 유엔난민기구 한국대표부 홈페이지(www.unhcr.or.kr).

14 정우성,《내가 본 것을 당신도 볼 수 있다면》, 원더박스, 2019.

✩ 이미지 출처 ✩

28 연합뉴스
38 양지혜
65 스캐터랩
72 서한솔
83 연합뉴스
139 Intersex Human Rights Australia
148 서울퀴어문화축제조직위원회
163 연합뉴스
181 연합뉴스
206 연합뉴스
222 연합뉴스

잠깐! 이게 다 인권 문제라고요?

1판 1쇄 발행일 2021년 5월 17일
1판 5쇄 발행일 2023년 5월 22일

지은이 김도현 박상욱 박진숙 양지혜 오찬호 한채윤

발행인 김학원
발행처 (주)휴머니스트출판그룹
출판등록 제313-2007-000007호(2007년 1월 5일)
주소 (03991) 서울시 마포구 동교로23길 76(연남동)
전화 02-335-4422 **팩스** 02-334-3427
저자·독자 서비스 humanist@humanistbooks.com
홈페이지 www.humanistbooks.com
유튜브 youtube.com/user/humanistma **포스트** post.naver.com/hmcv
페이스북 facebook.com/hmcv2001 **인스타그램** @humanist_insta

편집주간 황서현 **편집** 이문경 이영란 남미은 **디자인** 유주현 **일러스트** 주노(@xmen_juno)
조판 홍영사 **용지** 화인페이퍼 **인쇄·제본** 정민문화사

ISBN 979-11-6080-643-4 43300